세기의 리더 잭 웰치에게 배우는 경제경영

부자가 꿈이라면
잭 웰치처럼

초중생경제경영시리즈

세기의 리더 잭 웰치에게 배우는 경제경영

부자가 꿈이라면
잭 웰치처럼

성기환 지음

**경제개념은 어렸을 때부터다!
막연한 부자가 아닌 지혜롭고 선한 부자가 되라!**

브라운힐 주니어

머리말

잭 웰치는 금세기 최고의 전설적 리더로 불린다. 그는 어려서부터 남에게 지는 것을 지극히 싫어했고 승부사 기질로 언제나 승리하는 것을 제일로 여겼다. 그러나 정정당당하게 지는 것은 오히려 자랑스러운 일로 여겨야 한다는 어머니의 현명한 공부법으로 인해 그가 성장해 사업을 이끌어 가면서 이기고 지는 것을 확실하게 판단하는 기준으로 삼아 그것을 성공의 발판으로 삼았다.

하지만 그의 꿈은 세계 최고의 경영인이 아니라 그저 연봉을 많이 받고 싶은 샐러리맨이었다. 연봉을 많이 받기 위한 방편으로 항상 일에 몰두하고 자신이 맡은 분야에서 연구를 거듭하였으며 이 모든 결과가 한데 뭉쳐 결국 세계 최고의 전설적 경영인으로서 성공하게 된 것이다. 세계 기업 사상 전무후무한 일이었다.

John Frances Welch Jr

    45세에 GE의 최고경영자 자리인 회장에 오른 그는 미국 대표기업으로서 무너지지 않게 하기 위해 경영의 발전을 꾀하는 하나의 방법으로 고쳐라, 매각하라, 아니면 폐쇄하라는 경영지침을 활용하여 많은 직원을 해고하여 혹독한 비난을 받기도 하였지만 끝내 그 방법이 오래토록 최고 기업으로서 아니 더 나은 기업으로 발전시킬 수가 있었다.

    아무튼 잭 웰치는 일개 샐러리맨으로 출발하여 세계 최고의 경영인으로 살아왔다. 당대에 미국의 양대 신화를 이룩한 사람은 크라이슬러의 리 아이아코카와 GE의 잭 웰치였지만 아이아코카는 장수를 누리지 못하였다. 이는 기업을 생존하게는 할 수 있었어도 기업이 어떻게 성장할 것인가라는 비전을 만들어내지 못한 것이 원인이었다.

    절차와 형식보다는 창의적인 아이디어를 만들어내는 것이 무엇보다 효율적이라고 생각한 잭 웰치, 우리는 모든 일을 자신이 책임지는 자세로 적극적이길 원했던 잭 웰치의 삶에서 배울 것이 너무나 많다. 바로 여러분이 이 책을 잡은 뒤 이 책을 놓지 못할 원인이 되는 것이다.

성공하려는 사람은 성공한 사람들로부터 배워야 한다. 그들이 어떻게 해서 부자가 되었고 성공하게 되었는가를 그들 역시 성공한 사람들의 삶에서 배우고 실천하였던 것이다.

어려서부터 꿈을 가지고 그 꿈을 향해 노력해 가는 습관의 훈련을 찾아가야 한다. 꿈은 꿈을 꾸는 사람에게 다가오는 것이기에 항상 성공을 기억하고 무엇을 어떻게 해야 하는가에 대한 명분을 세워야 한다. 그저 성공하겠다는 생각에 그쳐선 아무 것도 이룰 수가 없다.

내가 여러분을 위해 이 책을 쓴 것은 성공으로 다가가려는 의지의 나침

John Frances Welch Jr

반이 되어 주고 싶다는 생각 때문이었다. 확실하게 말해두지만 항상 머릿속에 성공의 의지를 새겨 두길 바란다. 더더욱 많이 성공한 사람들의 삶과 철학을 배우고 익히길 바란다.

이미 책으로 나온 빌 게이츠의 삶이나 워렌 버핏의 삶을 통해서도 깨달았겠지만 이들 성공한 사람들의 공통적인 것의 하나가 이들 모두 독서광이었다는 점이다. 어려서부터 광적으로 독서를 하고 또 평생을 책과 함께 했다. 다소 어려운 책이었어도 그것을 이해하기 위한 노력으로 사전을 뒤지고 남에게 묻고 하면서 그들은 지식을 많이 쌓았다.

여러분에게 묻고자 한다. 성공하고 싶은가? 남들보다 부자가 되고 싶은가? 남들로부터 존경받는 사람이 되고 싶은가?

그렇다면 책을 읽고 성공한 사람들의 삶과 철학을 배우길 바란다.

CHAPTER 1
세기의 **경영인**, 공공의 적이 되다   13

식스시그마로 불량품을 없애라   35
GE는 어떻게 탄생했으며 어떻게 성장을 해왔는가?   48
열정이 없는 하위그룹의 직원은 떠나라   50

CHAPTER 2
성공의 **리더십**   75

성공한 사람의 31가지 리더십의 비밀   76

■ CHAPTER 3
　전설적인 경영개발센터
　크로톤빌　　　　　109

■ 생각하는 아이들　121

John Frances Welch Jr

세기의 경영인, 공공의 적이 되다

CHAPTER 1

금세기 경영자로서 최고의 능력을 발휘한 잭 웰치는 살아있는 전설이다. 이를 능가할 CEO는 아직 없다. 그의 탁월한 경영능력이 제너럴일렉트릭을 미국 최고의 기업, 아니 세계 최고 기업으로 성장시키고 그는 특히 일반사원으로 입사하여 그룹 최고 경영자의 위치에, 그것도 가장 어린 나이로 정상에 오른 입지전적인 인물이다. 이를 통하여 아이들은 세계 최고 경영인의 노하우를 배우며 꿈을 갖게 한다.

John Frances Welch Jr

John Frances Welch Jr

세기의 경영인, 공공의 적이 되다
CHAPTER 1

　금세기 최고의 전설적 리더로 불리는 잭 웰치는 1935년 11월 19일 매사추세츠 주(州) 피버디에서 태어나 세일럼에서 어린 시절을 보냈습니다.

　1960년 일리노이대학교에서 화공학 박사 학위를 취득한 그는 같은 해 제너럴일렉트릭(GE)이라는 회사에 입사해 독특한 자기만의 뛰어난 경영 방식으로 승진을 거듭해, 1981년 최연소로 GE 회장 즉, 이 회사의 최고경영자가 되었습니다.

　GE는 당시 미국에서 몇 안 되는 큰 회사의 하나로 이 회사에 들어가는 것만으로도 실력이 뛰어남을 증명하는 것이고 그럼에도 불구하고 이 회사 역사상 가장 어린 나이에 그 회사의 최고경영자가 되었다는 것은 놀라운 일이 아닐 수 없습니다.

그렇다면 그는 어떻게 해서 최고경영자의 자리에 오르게 되었을까요? 분명 비결이 있었을 텐데 이제부터 우리는 그 비결을 배우고 싶은 것입니다.

40대의 늦은 나이에 잭 웰치를 낳은 그의 부모는 아일랜드에서 이주해온 사람의 자손으로 그의 아버지는 보스턴 & 메인 철도회사의 직원으로 평생을 보냈으며 그의 어머니는 여느 집 어머니들과 마찬가지로 그저 평범한 가정주부였습니다. 그러나 유일한 자식인 잭 웰치를 키우는 부모는 아들에 대한 교육이 사뭇 엄격하고도 진지했습니다.

잭 웰치가 살렘고등학교의 아이스하키 팀에서 선수로 뛸 때였어요. 고등학교 시절에서는 마지막 시합이었던 그 시합에서 잭 웰치는 경기에 꼭 이기고 싶었습니다. 그러나 연장전까지 가는 접전 끝에 아쉽게 지고 말았지요. 분통이 터진 잭은 하키스틱을 얼음판에 내동댕이치고 식식거리며 들어왔습니다. 그러자 이를 본 그의 어머니가 그에게 다가와 호된 꾸지람을 합니다.

"패배를 인정할 줄 모르면 너는 결코 승리해도 승리자의 자격이 없다. 이 사실을 모르면 경기할 자격도 없고 선수로서의 자격도 없는 거야!"

웰치는 이때의 꾸지람이 승리의 기쁨과 실패를 딛고 일어서는 자세의 중요성을 알게 된 순간이었다고 말하고 어머니에게 승부욕, 높은 이상을 가진 목표, 현실을 똑바로 보고 자신을 강하게 하는 방법을 배웠다고 당시를 떠올렸습니다.

어머니에게서 배운 것은 이것뿐만이 아니었습니다. 웰치가 말을 더듬는 버릇이 있자 그의 어머니는 '네가 너무 똑똑해 혀가 머리를 따라가지 못해 그러는 것'이라고 위로했다고 합니다. 어머니에게서 받은 이러한 현명한 교육법은 잭 웰치로 하여금 자신감을 갖게 했고 본성과 합쳐져 리더십을 갖추게 되었습니다.

이렇듯 어렸을 때 부모로부터 꾸중을 들으면서 그 꾸중으로 말미암아 중요한 깨달음을 얻을 수 있고 칭찬을 듣고, 또한 위로의 말을 들으면서 자신이 올바른 길로 성장할 수 있는 교육을 배울 수 있는 것입니다. 꾸중만이 나쁘고 칭찬만이 좋은 것이 아니라 부모가 자식에게 꾸짖는 것은 자식이 올바로 커나가기를 바라는 마음에서인 것을 우리는 알아야 합니다.

어린 시절의 교육은 상당히 중요한 것입니다. 이 시기에서 그 사람의 성격이 만들어지고 미래의 꿈과 이상이 생기는 것이며 살아가기 위한 기초가 닦여지는 것입니다. 그러한 면에서 잭 웰치는 훌륭한 부모를 만났다고 할 수 있습니다. 훌륭한 부모란 꼭 학식이 높고 돈이 많아야 되는 것이 아니란 것을 우리는 잭 웰치의 부모에게서 깨달을 수 있습니다.

　꾸중을 듣고 자란 아이가 어쩜 칭찬만을 듣고 자란 아이보다 이다음에 커서 더 나은 사람이 될 수도 있습니다. 그러나 조건이 있습니다. 꾸중을 들었을 땐 자신의 잘못을 꼭 반성해서 얼른 그 행동을 고쳐야 한다는 것입니다. 그저 한 귀로 듣고 한 귀로 흘려버리면 아무리 꾸중을 해도 잘못된 행동이 고쳐지지 않으며 자신이 무엇을 잘못했고 무엇을 잘했는지를 판단하지 못하게 됩니다.

잭 웰치는 그런 면에서 훌륭한 아이였습니다. 부모가 꾸짖으면 그것이 어떤 이유에서였는지를 파악하고 얼른 고쳤으며 그런 행동을 다시는 반복하지 않았습니다. 어쩜 그러한 자세가 훗날 금세기 최고경영자가 될 수 있는 바탕이 되었다고 해도 틀린 말은 아닐 것입니다.

집안이 부유하지 않았으면서도 잭 웰치의 부모는 그를 대학에 입학시켰습니다. 그의 가족 중에서 대학에 들어간 사람은 웰치가 처음이었고 대학에 들어간 그는 전공을 화학으로 정했습니다. 훗날 그가 성공하여 왜 대학에서 화학을 전공하였느냐고 사람들이 물으면 그 질문에 대해 그는 이렇게 답변하였습니다.

"나에겐 삼촌이 한 분 계셨는데 그 분이 세일럼 발전소에서 기술자로 근무했었습니다. 그런 삼촌을 보면서 나는 당시 기술자를 대단한 사람이라 여겼고 그래서 화학을 선택했으며 공학을 병행해 공부하게 되었습니다. 나도 삼촌과 같은 기술자가 되고 싶었던 것이지요."

기업을 경영하거나 사업을 하는 사람들을 살펴보면 공학에 관계된 사람이 많습니다. 이런 것을 보면 그가 대학에서 배운 화학과 공학이 기업을 경영하는데 상당한 영향을 끼쳤을 것이라고 생각할 수 있습니다. 그 분야를 공부하고 훗날에 뛰어난 경영인이 된 것도 무관한 것이 아니었음을 짐작케 하는 대목이 아닐까요?

그는 학교를 졸업하면서 꿈이 있었다면 기업에 입사해 장차 3만 달

러의 연봉을 받는 사람이 되는 것이었습니다. 그가 훗날 금세기 최고 경영인이 되었을 때를 생각해 보면 이 꿈은 상당히 소박한 꿈이라고 볼 수 있었지요. 그러나 이때의 꿈은 바로 그것이었습니다. 이다음에 자신이 그런 어마어마한 위치에 오르게 될 줄은 상상하지 못했던 것이지요. 그저 열심히, 자신의 모든 노력을 총동원하여 노력한 결과 그런 위치에 오르게 된 것입니다.

그런 소박한 꿈을 가지고 그가 대학을 졸업한 후에 가장 먼저 입사한

곳은 매사추세츠 피츠필드에 있는 GE플라스틱 사업부였습니다. 그가 이 회사에 매력을 느낀 것은 우선 고향의 집과 가까운 위치에 있었고 입사부터 만 오천 달러의 높은 연봉을 받을 수 있었기 때문이지요. 이는 당시로서는 아주 좋은 조건의 연봉이었습니다. 또한 자신이 목표로 삼은 3만 달러의 연봉에 얼른 도달하기 위해서는 처음부터 조건이 좋은 회사가 유리하다는 판단도 작용하였습니다.

그러나 근무를 하다 보니 다른 사람들은 이 회사에 대해 어떻게 생각할지 몰라도 젊고 유능한 잭 웰치에게 있어서 GE는 근무여건이 별로 만족스럽지 않았습니다. 대기업에 속하여 회사가 운영되는 것이 상당

히 이상적일 거라고 판단하였는데 실상은 그렇질 못했던 것이지요.

잭 웰치가 마음에 들지 않았던 것은 회사가 너무 관료적이었으며 이것이 가장 큰 불만이었습니다. 관료적이란 상대방의 의견이나 처지 등을 무시한 형식적이고 권위주의적인 태도를 말합니다. 이러한 것이 싫었던 그는 그래서 다른 회사로 옮기기로 마음먹고 사표를 제출합니다. 하지만 회사에선 이를 받아들이지 않았지요. 얼마 지나지 않았지만 그 회사는 잭 웰치가 남들보다 유능한 직원이라는 것을 이미 알아차린 것입니다.

회사는 잭 웰치가 회사를 그만두려는 이유가 무엇인지를 듣고 이를 개선시키겠다고 약속합니다. 웰치는 회사의 약속을 믿고 계속 근무하기로 했으며 그로부터 잭 웰치의 승진가도는 고속으로 달리기 시작합니다.

잭 웰치는 관료제의 나쁜 점을 주목하면서 그 나쁜 점을 하나하나씩 없애버리는데 온 힘을 기울이기 시작합니다. 그리곤 직원들에게 의사결정권을 주어 책임감 있게 일을 하도록 유도했습니다. 그러자 직원들은 더 열심히 일하게 되었고 회사가 자신을 믿어준다는 신뢰감을 느끼면서 상당히 만족스러워 했습니다. 이렇듯 사람은 자기를 믿어주는 상대에게 자기의 모든 능력을 바치는 것입니다.

잭 웰치는 놀랍게도 33세에 상무가 되었습니다. 이것은 GE역사상 가장 어린 나이였으며 뿐만 아니라 그룹 존스 회장은 자신의 후계자를 물색하는 과정에서 잭 웰치가 경영능력은 물론 모든 분야에서 탁월하다는 점을 인정하여 1974년에는 최고경영자 후보 6명 중 한 명으로 그를 포함시켰습니다. 그가 영광스럽게 최고경영자 후보에 포함된 것은 그들이 엄격한 심사과정을 통해 결정한 것으로서 잭 웰치의 성적이 뛰어났기 때문이고 결국 1979년에는 당시 GE의 부회장겸 대표이사로 고속승진하게 됩니다.

이런 배경 뒤에는 웰치가 플라스틱 사업을 20억 달러 규모로 성장시킨 업적과 의료진단사업을 크게 개선시킨 점, 그리고 GE캐피탈사의 발전을 이룩한 업적이 반영된 결과였습니다.

그로부터 1년여가 지난 1980년 12월에 잭 웰치는 드디어 GE의 최고경영자인 회장의 자리에 임명되면서 꿈을 이루게 됩니다. 이런 빠른 승진은 GE는 물론 여러 기업들의 역사를 살펴봐도 전무후무한 일로써 그의 나이 45세였을 때입니다. 이런 어린 나이에 그는 92년 역사를 지닌 GE의 여덟 번째의 최고경영자 자리에 올랐고 이는 아무리 생각해도 대단한 위업이 아닐 수 없습니다. 1981년 4월 1일, 잭 웰치는 세계적 관심을 모으면서 GE의 최고경영자 자리에 취임합니다. 그는 취임하자마자 과거의 GE 스타일에 한 발을 걸치고 또 다른 발은 1980년대와 1990년대의 새롭고 혁신적이며 융통성 있는 지도력에 걸쳤습니다. 그리곤

본격적인 지도력을 발휘하기 시작합니다. 그가 과거의 스타일을 모두 버리지 않은 것은 과거의 장점만은 꾸준히 살리려는 생각에서였고 그 장점을 미래의 혁신적인 지도력에 포함시켜 새로운 지도력과 함께 맞물려 끌고나가기 위함이었습니다.

"백여 년 역사의 미국 대표기업인 GE가 삼류로 전락하는 위기를 극복하기 위해선 전사적 개혁이 필요하다."

이러한 기치를 내건 웰치는 이후 고쳐라, 매각하라, 아니면 폐쇄하라는 경영 전략을 통해 재임기간동안 20만 명에 가까운 직원을 해고하

였습니다. 이로 말미암아 약 60억 달러를 절감할 수는 있었지만 언론으로부터는 '중성자탄 잭'이라는 별명으로 혹독한 비난을 받기 시작합니다.

언론은 집중적으로 웰치의 용기와 상식을 부당하다고 맹렬하게 비난하였지요. 중성자탄은 건물과 모든 시설은 그대로 둔 채 사람들만 골라 죽이기 위해 만들어진 아주 나쁜 무기입니다. 그러니까 회사의 모든 시설은 그대로 둔 채 인원만 줄인다고 해서 그런 별명이 붙게 된 것이지요. 그는 남들보다 빠르게 성공한 위치에 있었지만 반면 어느새 공공의 적이 되어 있었습니다. 그러나 웰치는 모든 일을 자신의 소신대로 밀고 나가며 남들의 비판에는 조금도 꿈쩍하지 않았습니다. 그만큼 자신의 경영방식이 옳다고 확신을 가지고 있었기 때문이었지요.

그가 최고경영자에 취임한 순간부터 GE는 웰치 그 자체였으며 GE의 가치는 그에 의해 정의되었다고 보아도 틀림없을 정도로 그는 맹렬하게 밀고나갑니다. 직원들이 이런 그의 방식을 따르지 않으려면 GE를 그만두어야 했습니다. 이런 카리스마적 리더십은 강한 반발로 나타났고 연일 그를 질타하는 목소리가 터져 나왔습니다.

하지만 잭 웰치는 이러한 언론이나 세상의 평에 상관하지 않고 식스

시그마, e비즈니스, 세계화 등의 전략으로 GE를 혁신해 세계 최고의 기업으로 성장시키기 시작합니다. 여기서 식스시그마란 품질혁신과 고객만족을 달성하기 위해 전사적으로 실행하는 21세기형 기업경영 전략을 말합니다.

여러분은 이 책에서 특히 식스시그마의 개념에 대해 알고가면 이다음에 경영진이 되지 않더라도 많은 도움이 될 것입니다. 뒤에서 설명할 테니 꼭 이해하고 넘어가시기 바랍니다.

아무튼 훗날 잭 웰치는 이때를 회상하면서 단호히 이렇게 말합니다.

"거대한 조직을 이끌어 가는 리더는 일반 직원들의 입장과는 차이가 있습니다. 당시의 상황에서 우리가 세계적인 기업으로 살아남기 위해서는 그 방법밖에 없다고 나는 생각했고 그것을 실행에 옮겼을 뿐입니다."

기업환경에 적응하고 한 세기를 발전해 온 기업을 이어받은 그로서 그가 보인 냉철한 현실인식은 해고를 당한 직원들의 입장에서는 상당히 서운하고 한이 맺힐 입장이었으나 회사의 발전을 책임지고 있는 리더로서는 어쩔 수 없는 선택이었고 결단이었던 것입니다.

　나중에 이러한 일들의 결과를 두고 그에게 퍼부은 중성자탄이라는 비유는 잘못된 비유라고 사람들은 의식을 고치기 시작합니다. 만일 당시 그의 결단력이 없었다면 어쩜 훨씬 많은 직장이 사라지고 더 오랫동안 고통스러운 결과가 지속됐을 것이란 이야기도 훗날에선 꽤 설득력 있게 들립니다.

　그와 가장 가까운 거리에서 14년간 그를 보필하였던 비서 로잔 배더우스키의 말을 들어보면 잭 웰치의 판단을 상당히 이해하게 됩니다.

　"최고경영자는 기업의 건강을 돌보는 대가로 돈을 받습니다. 성장과 수익상승, 새로운 제품과 서비스, 시장 점유율을 높일 수 있다는 전망이 없다면 기업은 서서히 죽어 갈 것입니다. 방향을 바꾸고 조정하기를 거부한다면 당분간은 안전함을 유지하겠지만 결국 파멸의 길로 들어서게 됩니다. 군살이 없고 좀 더 공격적인 경영을 해야만 조직은 생존 가능성이 높은 것입니다. 이 모두가 인재양성을 강조하는 잭의 생각과 일맥상통하는 점입니다. 열정도 없고 축 늘어진 나약한 기업이 좋은가, 아니면 덩치는 작아도 열정적이고 창조적인 인재로 똘똘 뭉친 힘찬 기업이 좋은가요?"

로잔 배더우스키가 이렇게 말할 수 있었던 것은 그녀가 파트너십 경영을 이룬 그를 가장 가까운 거리에서, 가장 오랜 시간을 함께 보내면서 누구보다 그를 잘 알고 있는 사람이기 때문입니다.

　결국 10년이란 시간이 지난 뒤 GE는 세계에서 가장 크고 가장 수익률이 높은 기업으로 변했습니다. 그러자 중성자탄이라고 고약한 별명을 들으며 많은 사람들로부터 비난받았던 그는 어느새 전 세계인의 우상으로 변모해 있었습니다. 만일 그런 해고를 단행하면서 좋은 결과를 만들지 못했다면 그 별명처럼 고약하고 나쁜 경영자가 되었겠지만 더

욱 튼튼하고 큰 회사로 만든 그는 많은 사람들로부터 찬사를 듣기 시작합니다.

   아무튼 그는 그동안 회사를 경영하면서 군살을 제거하고 필요 없는 인력을 제거하면서 또한 관료적인 형식을 철저히 비난하고 이를 수정하면서 회사는 경쟁력을 갖춘 세계적인 회사로 거듭났고 예전보다 훨씬 더 좋은 회사가 되었습니다.

   잭 웰치가 처음 GE의 회장의 자리에 올랐을 때, 그가 가장 답답하다고 여겼던 것이 있었는데 그것은 결재를 하기 위해서 회장인 자기한테

오기까지 총 12단계를 거쳐야 하는 절차였습니다. 그런 복잡한 절차는 적어도 혁신을 부르짖는 잭 웰치에겐 쓸데없는 낭비였습니다. 결재를 하기 위해 거쳐야 하는 여러 단계의 인력들도 낭비였고, 여러 번의 결재는 신속한 일의 진행에 방해가 된다고 믿었습니다. 대강 검토하고 형식적으로 사인하는 불필요한 일들은 그래서 사라져야만 했기에 이를 대폭 간소화시켰습니다.

 결국 GE의 결재 과정은 12단계에서 6단계로 절반이나 줄어들었으며 이러한 것들은 회사 운영의 전반적인 곳에서 나타납니다. 형식적인 것을 없애고 보다 나은 방법을 끌어들이면서 회사는 더 많은 일들을 펼칠 수 있었습니다. 절차와 형식보다 더 중요한 것은 창의적인 아이디어이고 형식적인 단계의 보고서로 시간을 보내 인력을 낭비할 것이 아니라 그 시간에 창의적 아이디어가 무엇인지를 찾아내는 것이 훨씬 더 효율적이라고 주장합니다. 그리고 그는 모든 일을 자신이 책임지는 자세로 적극적이길 원했습니다. 그것은 곧 주인의식을 뜻하는 것이고 주인의식이야말로 책임성을 갖는 일이며 아울러 회사에 대한 불평을 가장 경계했습니다. 불평은 불평을 낳고 그런 의식으로 책임질 수 있는 일은 하나도 없기에 거기에서 생겨나는 잘못됨은 늘어날 뿐 아무 것도 얻어질 수 없다고 믿었던 것이지요. 불평은 승진이나 성공의 뿌리를 흔드는 일이라고 강조하고 주인의식이야말로 새로운 아이디어를 창출한다고 생각했습니다.

성과를 만들어내지 못하는 일, 그것은 여러 사람이 함께 일하는 조직 세계에서 파멸을 뜻합니다. 성과를 만들어내야만 살아남을 수 있습니다. 성과를 만들어내기 위해선 끊임없이 아이디어를 찾아내고 자기 계발에 힘써야 하며 조직에 꼭 필요한 사람이 될 수 있어야만 합니다. 성과를 만들지 못하면 결국 그 자리에서 물러나 사라지게 됩니다. 이것은 냉엄한 현실입니다.

John Frances Welch Jr

식스시그마로 불량품을 없애라

평탄한 길이 끝까지 이어질 것이 보장된 길이라면 몰라도 얼마 못가 평탄하지 못한 길이 나타날 것을 예상한다면 여러분은 어떻게 하겠습니까?

GE는 미국 기업의 모델이며 대표 격인 회사입니다. 그런 기업에 최고경영인의 영광스런 자리에 오른 잭 웰치는 하지만 그만큼 막중한 부담이 있었을 것은 분명합니다. 더구나 역대 최연소의 나이로 최고경영인의 자리에 올랐으니 더 잘해야 한다는 것, 기대와 걱정, 과연 해낼 수 있을까 하는 이런 모든 사람들의 시선이 자신을 향해 있을 때 그것을 잘 견디면서 회사운영을 해나간다는 것은 많은 부담을 가져옵니다.

그러면서도 그런 부담을 이겨내고 그는 패기 있고 과감하게 기업의 구도를 바꾸면서 회사를 혁신적으로 개선해 나가기 시작합니다. 탄탄

한 성장으로 안전하게 경영되던 회사에서 이러한 방법으로 기업을 변화시켜 모험을 자처한다는 것은 매우 위험한 일이었고 그런 경영기법을 도입한다는 것도 보통의 용기가 없으면 하지 못할 일이었습니다.

사람들은 보통 안정성을 유지하는 것이 가장 이상적인 경영이라고 생각합니다. 안정적인 성장을 하면서 기업이 평탄한 길을 가고 있는데 그 길을 바꾸려는 태도는 누가 보아도 권할 일은 못됩니다. 하지만 평탄한 길이 끝까지 이어질 것이 보장된 길이라면 몰라도 얼마 못가 평탄하지 못한 길이 나타날 것을 예상한다면 여러분은 어떻게 하겠습니까?

대답은 간단합니다. 새로운 길을 찾고 그렇지 않으면 울퉁불퉁한 길을 평탄한 길로 만들 준비를 해야 하는 것이지요. 잭 웰치는 그것을 본 것입니다. 미래에 기업환경이 어떻게 변할 것인가를 예측하고 어떻게 해야 기업이 발전할 수 있는지를 그는 분명히 알고 있었습니다. 그래서 거기에 대비했고 끝내 성공했습니다.

웰치가 최고경영자에 오르기 이전의 GE는 한 자릿수 성장을 성장목표로 하고 있었습니다. 이것도 당시 미국 경제의 흐름보다 빠른 것이어서 많은 사람들은 충분하다는 생각이었지요. 그러나 웰치의 생각은 달랐습니다. 아니 다른 사람들과 목표가 달랐습니다.

그는 두 자릿수 성장을 목표로 하였고 끝내 그것을 해마다 달성해 가는 놀라운 능력을 발휘합니다. 두 자릿수 성장을 이룩한다는 것은 누구나 거의 달성할 수 없는 수치로 불가능하다 여긴 것을 그는 해낸 것입니다.

잭 웰치는 이렇게 높은 성장목표를 달성해 가기 위해서 워크아웃이라는 개념을 도입하였고 워크아웃이 더 나은 회사를 만들어 갈 것이라고 생각하고 이 일에 착수하였습니다. 이는 21세기를 준비하는 기업을 바로 세우기 위한 일이었으며 워크아웃이란 용어는 당시 들어보지 못한 새로운 용어였는데 이는 콜롬비아 대학의 커비 워렌교수와의 대담에서 나온 말로 이 용어에 대해 잭 웰치는 이렇게 정의내리고 있습니다.

"우리가 진행하고 있는 일들을 더욱 발전시키기 위해 끊임없이 찾아가는 노력을 말합니다."

이때는 이미 10만 명 이상의 직원을 해고한 뒤였으며 해고될까 불안에 떨고 있는 나머지 직원들에게 어떻게 하면 자신의 직장을 극적으로 변화시킬 수 있는가? 있다면 그 방법이 무엇인가를 잭 웰치가 제시한 것으로 보면 됩니다.

자기 분야의 파트별로 나눠진 직원들은 문제가 되는 부분을 집중적으로 토의했고 어떻게 하면 문제를 고쳐나갈 것이며 해결책은 과연 무엇인가를 고민하고 연구했습니다. 그러면 분명 누군가의 아이디어에 의해서 아니면 여러 사람의 의견이 종합되어 해결책이 마련되었습니다. 어떤 어려운 문제라도 해결되지 않는 것이 없었습니다.

이렇게 해서 워크아웃은 크게 성공을 거두었고 경영진과 직원들 간의 의사소통은 물론 서로간의 신뢰도 쌓이기 시작했습니다. 그러자 조직은 강해지기 시작했고 생산성도 훨씬 높아져만 갔습니다.

이렇게 발전되어 가는 기업을 바라보면서 잭 웰치는 한없는 기쁨을 느꼈고 그러나 여기에 만족하지 않았지요. 그동안 회사가 벌여온 그릇된 습관을 깡그리 없애버리고 다시는 과거에 매몰되지 않기 위해 힘차게 앞으로 나아갔습니다. 끊임없이 자기계발을 서두르며 앞으로 나아가기를 멈추지 않았던 것이지요.

그는 누구든 직위에 상관없이 아이디어를 낼 수 있게 하고 그 아이디어로 인해 성취된 것이 있으면 성취한 만큼 보상받는 시스템을 만들었습니다. 성공의 폭에 따라 상상할 수 없는 보상을 받는 경우도 생겼습니다. 그러자 직원들은 앞을 다투어 좋은 아이디어를 찾아내기 위해 노력했습니다.

워크아웃은 웰치가 직원들에게 자유롭게 발언할 수 있도록 하기 위해 도입한 프로그램인 만큼 이것이 공평하게 잘 작동되도록 신경을 썼습니다. 참석자들이 자신들의 상사와 마주앉아서 사업이 성공하기 위해선 어떠한 것들이 필요한지를 자신 있게 말할 수 있도록 유도했으며 상사들은 이때 예스, 노를 분명하게 답변할 수 있어야 합니다. 이러한 프로그램은 결국 생산적으로 나타났고 사업의 성공에 효과적인 성과를 거두게 하였지요.

이렇게 되자 그동안 감추어져 있던 문제가 겉으로 드러나기 시작했고 그러면 그 문제를 얼른 자세히 살펴 이해하거나 수정하고 그것이 어

려우면 과감하게 없애버렸지요. 곪아 있던 상처 부위를 치료하거나 치료가 불가능하면 과감히 수술해 도려낸 것과 같은 이치인 것입니다.

워크아웃에는 각 사업부에서 뽑은 10명에서 100명에 이르는 직원과 중간관리자, 그리고 토론을 이끄는 사람이 있었는데 토론을 이끄는 사람은 그들의 의견을 공정하게 다루기 위해 외부인을 참여시켰습니다.

대부분 먼저 중간관리자가 목표를 세우거나 토론할 주제를 말하면 참가자들은 불만을 토론하는 것이 아니라 한시라도 빨리 개선해야 할 문제점을 찾아내고 그것을 고칠 절차를 다루는데 목적을 두었습니다.

중재자는 워크아웃을 진행하는 조직과는 다르기 때문에 냉정하게 다양한 의견이 제시되도록 하고 제기된 문제에 따른 해결방법을 찾아낼 수 있도록 유도하기만 합니다. 여기서 중요한 것은 모든 문제에 대해선 반드시 해결책을 내놓아야 한다는 점이지요.

잭 웰치가 거둔 성공의 워크아웃 프로그램은 자연스럽고 활발하게 이루어졌습니다. 생각했던 것보다 훨씬 혁신적인 프로그램이 되었던 것이지요. 이 프로그램은 직원들의 목소리를 대변했고 그대로 경영진에게 전달되어 바로 현실화되었다는 것이 무엇보다 중요했습니다.

그러나 성공적인 프로그램으로 회사의 발전에 크게 기여했으면서도 잭 웰치는 여기서 만족하지 않고 새로운 방식을 갈구했습니다. 그렇게 하다 찾아낸 것이 앞에서 내가 여러분이 알아두면 많은 도움이 될 것이라고 말했던 식스시그마란 프로그램입니다.

식스시그마는 품질관리 프로그램입니다. 워크아웃에서 발전된 단계의 프로그램으로 1995년에 실행되었습니다.

식스시그마의 도입을 추진하면서 그것을 워크아웃에서 비롯된 외면할 수 없는 발전과정이라고 본 웰치는 그 프로그램의 개념에 대해 상당한 관심을 보였고 여태껏 진행해 온 일들을 한 단계 높일 수 있는 좋은 개념으로 받아들였습니다.

그러나 처음부터 식스시그마를 좋은 개념으로 받아들였던 것은 아니었습니다. 웰치는 식스시그마를 하나의 또 다른 일시적 유행으로 생각했던 것이지요. 그러나 식스시그마가 시행되자 품질이 향상되고 원가가 줄어드는 것을 직접 목격하면서 이것을 획기적 방법이라고 확신하게 된 것입니다. 이런 확신을 가진 뒤 웰치는 식스시그마에 대한 광신자가 되다시피 하며 이 프로그램을 전격적으로 받아들여 전 직원에게 확대 교육을 시켰습니다.

잭 웰치는 식스시그마에 대해 이렇게 말했습니다.

"식스시그마는 말로 그치는 구호를 내세우는 것이 아니고 형식적인 서류작성 따위로 그치는 것이 아닙니다. 우리는 식스시그마를 통해 기업 활동에서 가장 어려운 일인 품질을 향상시킬 수 있습니다. 식스시그마는 거대한 기업을 위해 우리의 모든 꿈과 열망을 담아낸 가장 위대한 걸작이라고 저는 분명하게 말합니다."

식스시그마를 한마디로 표현하자면 개발된 상품의 품질을 개선시키는 방법이며 품질 불량의 원인을 찾아 해결해 내고자 하는 체계적인 방법론입니다.

그러나 식스시그마는 GE에서 창안한 것이 아니고 원래 모토로라에서 처음 주창했고 얼라이드시그널사에서 이를 성공적으로 도입했던 프로그램이었습니다. 이들 두 회사의 경험이 GE에 많은 도움을 주었고 보다 빠르고 수월하게 이를 도입할 수 있도록 밑거름이 되어 주었던 것이지요.

이후 GE 등 여러 기업에서 이 프로그램을 도입하여 발전하게 되었으며 특히 1990년대와 2000년대 동안 많은 인기를 얻었습니다. 지금도 식스시그마의 프로그램을 도입하여 기업경영에 반영하여 좋은 결실을 맺는 기업이 굉장히 많습니다.

여러분들이 이쯤되면 식스시그마란 어떤 것인지 대강은 이해할 수 있을 것입니다. 그러나 좀 더 확실하게 알아두는 것이 좋겠지요? 지금보다 좀 더 깊이 있는 설명을 하지요.

시그마는 일종의 표준편차입니다. 통계학자들은 대부분의 기업에서 백만 개의 제품 가운데 평균 3만 5천 개에서 5만 개 정도가 불량품이라는 것을 밝혀냈습니다. 이 정도라면 상당히 많은 숫자이지요. 그것을 약 3시그마, 식스시그마처럼 표현한다면 쓰리시그마라 할 수 있지요. 이는 대강 3.5%의 비율로 나타납니다.

시그마 숫자가 높을수록 불량률은 낮아지는 것으로 웰치가 이 식스시그마를 도입했을 때 GE는 평균을 약간 웃도는 약 3.5시그마 수준으

로 100개의 제품을 만들면 대략 3개 정도가 불량으로 생산되는 제품들이었습니다. 통계학자들이 밝혀낸 백만 개의 제품 가운데 평균 3만 5천 개에서 5만 개 정도가 불량품이었던 것에 비하면 조금 나아진 것이지요. 제품 향상을 약간 높였다고 할 수 있습니다.

그러나 이 수준조차 웰치는 만족스럽지 않게 생각하고 식스시그마를 도입하면서 5년 내에 불량 제품을 백만 개당 3.4개의 수준으로 해야겠다는 것을 목표로 삼게 되지요. 이 정도의 수치면 거의 불량품이 없는 것과 마찬가지입니다.

식스시그마의 도입으로 기업이 요구하는 모든 일들이 환상적으로 이루어지기 시작합니다. 그동안 골칫거리로 등장했던 불량품에 대한 일들이 거의 해결된 셈이지요.

식스시그마에 대한 표현이 여러분에게 어떤 이해를 주었을까요? 이해를 위한 복습과정으로 이 말을 다른 식으로 풀이해 볼까요?

시그마란 품질이 잘못 생산되는 오류의 한계선을 나타내는 단위입니다. 100만 번의 작동에서 나타나는 실수가 과연 몇 번인가를 측정하는 것으로 오류의 수치가 낮을수록 좋은 품질이 보장되는 것입니다. 자연 그동안 생산에 맞춰졌던 초점이 품질에 초점이 맞춰지는 것으로 생산자의 인식이 다량으로 물건을 만들어내기보다 좋은 제품을 만들어 소비자를 위한다는 인식을 바꾸는 프로그램인 것입니다. 아니 이것은 생산자나 소비자 모두에게 상당히 이로운 프로그램이지요. 그동안 불량품으로 인한 처리로 제품을 교환해 주거나 수리해 주는 비용 등을 엄

청나게 줄일 수 있으니까요.

　식스시그마의 도입으로 GE는 즉각 새로운 수익을 창출하였습니다. 영업이익이 과거 10%대 정도인 것을 이 프로그램의 도입으로 15%대를 넘어선 것입니다. 시그마를 통해 절감한 비용이 1997년 한 해에만 무려 6억 5천만 달러에 이르렀다니 놀라운 일이 아닐 수 없습니다. 한 기업분석가는 이때 몇 년 후에는 약 60억 달러의 비용절감 효과를 누리게 될 것으로 예측하기도 했는데 결국 그 예측이 맞아떨어지기도 했습니다. 그러자 식스시그마는 GE의 생활의 일부분이 되었고 경영진은 물론

모든 사람들이 식스시그마를 적극 지지하고 신뢰했습니다.

그렇게 단계적으로 회사경영의 혁신을 이루어온 잭 웰치는 점차 그의 리더십이 찬사를 받기 시작했고 20만여 명의 직원을 해고하는 과정에서 중성자탄 잭이란 별명까지 받고 공공의 적으로 존재했던 그가 퇴임하던 2001년 말, 이 회사는 과연 어느 정도 성장했을까요?

GE의 회사가치를 살펴보면 무려 4500억 달러로, 이는 1981년 회장으로 부임할 당시의 120억 달러보다 40배나 늘어났고 이는 세계 1위입니다. 이러한 경영 능력으로 그는 2001년 영국의 파이낸셜 타임스가 선정한 세계에서 가장 존경받는 경영인에 선정되었고, GE 역시 2000년에 이어 세계에서 가장 존경받는 기업으로 선정되었습니다.

GE는 어떻게 탄생했으며 어떻게 성장을 해왔는가?

　1892년 에디슨제너럴전기회사를 비롯한 다른 2개의 전기회사의 자산을 모두 인수하면서 법인으로 등록한 것이 이 회사의 출발이었습니다.

　에디슨제너럴전기회사는 1878년 발명왕 토머스 에디슨이 백열등과 그 후의 여러 발명품을 생산, 판매하기 위해 에디슨전광회사로 설립한 것입니다. 에디슨은 또한 제너럴일렉트릭사와 특허관계를 맺는 한편 자문역할을 하면서 관계를 유지했지요.

　설립 이래로 다른 회사를 인수하는 등 내외적인 팽창으로 성장을 거듭해왔습니다. 세계 최대 전기 소비재 생산업체인 GE는 전기기구상표를 통해서 사실상 모든 종류의 가정용 전기기구를 판매한 최대 판매업체이기도 합니다.

　1987년 GE는 소비재 전자제품부서를 프랑스 국영회사인 톰슨사에 팔고 톰슨사의 의료공학부서를 사들입니다.

　그렇게 해서 톰슨 사는 GE 소유의 RCA를 매입한 뒤 무기한으로 RCA 상표를 사용할 수 있게 되었지요. 하지만 일반인들에게 이 회사의 소비재가 가장 널리 알려져 있는 데 반해 그 판매액은 연간판매액의 약 1/6에 지나지 않았습니다.

1896년, 다우존스산업지수가 등장하여 GE의 이름이 리스트에 올랐는데 그 많은 기업 가운데 아직까지도 유일하게 리스트에 남아 있는 유일한 기업이 바로 GE이기도 합니다. 역사가 130년이 넘는 세계에서 보기 드문 장수기업이기도 하지요.

이런 것을 통해서 볼 때 이것은 기업의 우수성을 일관되게 유지해 왔다는 것을 증명하는 것으로서 이러한 기업은 그 이름만으로도 파워가 있습니다. 그 증명대로 GE의 역대 회장들의 능력은 매우 뛰어났으며 그 능력이 잭 웰치까지 이어졌고 잭 웰치는 기막히게도 잘 발전시켰던 것이지요.

열정이 없는 하위그룹의 직원은 떠나라

"잭 웰치와 같은 인물을 찾아낸 것은 매우 인상적입니다. 그것도 회사 내에서 말단직원으로부터 성장한 최고경영자로서 그런 그를 양성하고 찾아낸 것은 GE의 능력이면서 또한 기업의 우수성을 말하는 것이죠."

그 어떠한 기업들도 회사 내부에서 선발한 인력을 통해 그러한 인물의 성장을 이끌어내기란 상당히 어렵다는 말이 아닐까요?

이미 GE의 성장을 발전시키고 훌륭하게 이끌어온 전임 회장들의 업적을 발판으로 안전하게 성장을 해가면 편했을 텐데도 불구하고 잭 웰치는 그러지 않았습니다. 더 나은 발전을 위해 그는 노력했고 그 노력이 결국 기업의 성장으로 이어져 그의 업적은 세상사람들이 놀랄만큼 되었습니다. 그러기에 금세기 들어 최고의 경영인이란 소리를 듣게 되었던 것입니다.

세상은 정말 재미있습니다. 처음 그가 혁신적으로 기업환경을 바꾸면서 직원들을 해고시키며 규모를 줄여나갈 때 사람들은 그에게 '중성자탄 잭'이라고 나쁜 별명을 붙여주었습니다. 그러나 그가 자신의 모든 일을 마치고 그곳을 떠날 때는 금세기 최고경영인이란 찬사를 하기에 이릅니다. 참으로 재미있는 일이 아닌가요? 이 모두가 결과를 좋게 만든 사람이 받을 수 있는 선물인 것입니다.

기업에서 잭 웰치가 시도한 여러 행동들은 대단히 파격적인 것이었고 이를 위험스럽게 바라보는 사람들이 대부분이었지요. 하지만 그가 만들어낸 업적을 보면 그의 뛰어난 역량을 확실하게 인정할 수밖에 없습니다.

130년이 넘는 동안 많은 리더들이 GE를 이끌어왔지만 웰치만큼 개인이 GE의 명성을 뛰어넘은 사람은 없었습니다. 어느새 사람들의 입에는 GE의 잭 웰치가 아니라 잭 웰치의 GE로 부르고 있었으니까요. 창조력을 가장 우선시하며 중요하게 생각했던 잭 웰치, 자신이 옳다고 생각

되면 한 순간도 주저 없이 그 일을 향해 밀고간 사람, 그의 첫 번째 목표는 세계화였고 그것은 회사의 핵심이 되었습니다. 세계화를 추진하면서 멈출 수 없었던 여러 가지 우려하는 일들을 회사의 발전으로 승화시켜 모든 것을 잠재웠던 것입니다.

 그러면서 웰치는 회사에서 가장 높은 자리에 있으면서도 자신에게 대항해 끝까지 의견을 고집하는 직원들을 좋아했고 이들을 높이 평가했습니다. 그리고 꼬치꼬치 캐묻는 사람을 좋아했습니다. 이런 사람을 좋아했던 이유가 자신에게 의견을 끝까지 고집한다는 것은 그 일에 대한 비전이나 열정이 그만큼 크기 때문이라고 평가했기 때문입니다.

회사의 미래를 위해 그가 생명처럼 여겼던 유능한 인력의 확보, 웰치는 유능한 인력의 확보가 많고 적으냐에 따라 회사가 얼마만큼 발전할 수 있는가를 점칠 수 있다고 말했습니다. 물론 웰치 이전에도 GE는 유능한 인력 확보를 중요시 여기면서 그 일에 열정적으로 매달렸지요. 그러나 이전까지 해왔던 유능한 인력을 확보하려는 노력은 웰치가 더했습니다. 너무 심하다고 할 정도로 집착해 있었으니까요.

훌륭한 리더는 직원들을 성장시키고 무능력한 리더는 혼란시킨다고 합니다. 뛰어난 경영자는 조직을 성장시키는 능력이 있어야 하며 기업이 잘 굴러갈 수 있도록 조절하는 능력이 있어야 합니다.

이런 능력에 뛰어난 잭 웰치는 유능한 인재 확보에 힘쓰면서 언제나 열린 마음으로 그들을 대합니다. 회장의 자리에 있는 사람이라고 해서 권위를 나타내지도 않았습니다. 그는 그러나 그렇게 인재에 목을 맬 정도였으면서도 무조건 우수한 사람이라고 해서 자신의 회사에 등용한 것은 아닙니다.

그는 다음 네 가지 덕목을 반드시 체크한 다음에 거기에 알맞은 사람이라야 직원으로 선택했습니다. 만일 이 네 가지에서 벗어난 사람이라면 그가 아무리 훌륭한 인재라 해도 외면했습니다.

첫째로 정직하고 순수한 사람이어야 합니다.

순수한 사람은 진실을 말하고 자기가 한 말을 꼭 지키는 사람이란 걸 잭 웰치는 잘 알고 있었습니다.

둘째로 지식을 갖추고 있어야 합니다.

복잡한 기업의 일을 하면서 때론 직원들을 통솔해야 하고 그들을 이끌어 가려면 그럴 만한 폭 넓은 지식과 풍부한 지식이 있어야만 된다는 믿음입니다.

셋째로 자신의 감정을 잘 다스리고 겸손한 사람이어야 합니다.

일에서 쌓이는 스트레스나 결과에 대해 자신의 감정을 잘 다스리고 일을 즐기면서도 겸손할 줄 아는 성숙함이 갖춰져 있어야 합니다.

넷째로는 열정이 있어야 합니다.

진정 그가 가슴 속 깊은 진심에서 우러나오는 마음으로 열정을 가지고 일을 할 자세가 되어 있는가 하는 점입니다.

"GE는 반드시 변화할 것이다."

그는 기업의 발전에 가장 필요한 것이 변화라고 굳게 믿었습니다. 그래서 항상 변화를 추구했던 그가 만일 변화의 새바람을 타지 않았다면, 그 물결을 받아들이지 않았다면 어쩜 GE는 오늘날 그 옛날 거대한 기업의 전설 속으로 사라졌을지도 모를 일입니다.

다가오는 21세기를 바라보며 그 21세기에 들어가기 위해서 그가 필

요하다고 생각했던 변화의 바람은 오늘도 변하고 있고 GE에서 떠나 있는 지금도 그러한 생각에는 변함이 없을 것입니다. 변화는 리더로 하여금 굳어진 자신의 성격이나 전통에서 벗어나고 모든 게 좋아질 거라는 기대감 같은 것을 하지 말라고 요구합니다. 잭 웰치는 항상 누군가에게서 무언가를 배울 수 있다고 말합니다. 상대는 회사 안에 있는 사람일 수도 있고 경쟁업체의 사람일 수도 있다는 것이 그의 말입니다. 그러나 배움이라면 상대가 누구이건 받아들이고 그것을 자신의 것으로 소화하는 그의 정신은 사람들로 하여금 감동을 갖게 합니다.

자신이 모르는 것을 솔직하게 인정하고 배우기 위해 노력하는 겸손함을 지닌 사람이란 평가를 내리게 합니다. 그는 절대 이것 아니면 저것이라는 식이 아니라 이것일 수도 있고 저것일 수도 있다는 그런 식의 여유로움을 더 추구하는 사람입니다.

적어도 GE와 같은 거대 기업의 최고경영자라면 이미 모든 것을 다 알고 있어서 더 배울 것이 없다고 자만할 수도 있을 텐데 잭 웰치는 그렇지 않았습니다. 중요한 자리에 있는 사람일수록 끊임없이 더 배워야 하고 자신이 항상 부족함을 인식하고 있는 정신자세가 필요한 법이지요. 그런 면에서 잭 웰치는 경영인으로서의 겸손한 리더십을 갖춘 드문 최고경영자라고 할 수 있습니다.

잭 웰치는 누구보다 일에 대한 열정이 강한 사람이었습니다. 그 열정은 많은 사람들에게 열심히 일할 동기를 마련해 주었고 그들 속에 숨어 있는 열정을 끌어냈습니다. 그렇게 해서 만들어진 그 열정 속에서 찾을 수 있었던 것은 성공에 연결된 아이디어와 에너지였습니다. 그런 리더만이 진정한 리더로서의 가치를 지닐 것이라고 그는 생각했습니다.

열정의 리더십으로 단단히 무장된 잭 웰치는 직원들에게 '최고의 미래'라는 도전적인 희망을 설명한 뒤 그런 미래를 위해 모든 힘을 기울이자고 말합니다. 열정을 가지고 일하자고 직원들의 손을 굳게 잡습니다. 그러면 직원들은 자신이 이 회사에 필요한 존재라는 것을 인식하고 더더욱 열심히 일을 합니다.

어떤 이유이든 열정이 부족하다고 인정되면 그는 과감하게 정리하는 냉정함을 보였지만 이것은 열정에 대한 그의 확고한 자세를 보여주는 것이었습니다. 목표를 달성하지 못해도 열정을 보였으면 다시 도전할 기회를 준 그였지만 목표를 달성하고 첨단 기술을 개발하고 다양한 제품을 가지고 있어도 그 사람에게 열정이 없으면 전체를 위해 과감히 해고해 버렸습니다. 이 때문에 회사내부의 반발이 거셌지만 잭 웰치는 조금도 꿈쩍하지 않고 자신의 생각을 밀고나갔습니다.

끊임없이 변화를 찾으려 하고 그 변화가 변혁의 바람을 몰고 온다고 믿은 잭 웰치는 어제의 업적은 내일이면 아무 소용이 없다는 것을 주장합니다. 과거는 의미 없고 오로지 오늘과 내일에 일어날 새로운 일들에 많은 관심을 보였습니다.

잭 웰치는 미국에서 가장 무자비한 경영자로 불렸던 사람입니다. 이미 설명되었지만 그가 취임할 당시 40만 명이던 직원들을 10년 동안 29만 명으로 줄였습니다. 그 후에도 많이 줄였지만 말입니다. 이것은 상상을 초월한 대대적인 감축이었고 언론들은 잭 웰치를 엄청나게 비난하며 중성자탄이란 별명도 부족해 미국에서 가장 무자비한 10명의 경영자 중 1위, 잭 재크나이프 등의 무시무시한 별명을 그에게 선사했습니다.

그러나 이러한 여론은 시간이 갈수록 잠들기 시작했습니다. 그의 능력이 발휘되어 상상하기 힘든 결과로 나타났고 이제 그는 미국기업 역사상 최고의 경영자로서 가장 큰 영향력을 행사하는 사람으로 평가되기에 이릅니다. 이는 웰치가 지난 20년간 탁월한 성과를 올렸기 때문입니다.

 1981년 그가 GE의 최고경영자 자리를 인계받았을 때 GE의 시장 총가치는 130억 달러였습니다. 매출은 1981년 270억 달러에서 2000년 1,290억 달러(4.7배)로, 순이익은 15억 달러에서 127억 달러(8.4배)로 증가하였고 자본 수익률이 20% 수준을 기록하여 미국 평균 12%를 훨씬 초과했습니다. GE를 시장가치 5,300억 달러(41배)의 기업으로 만들었

고, 자신의 연봉 역시 9,400만 달러로 업계 최고 높은 수준이었고 최고경영자 가운데 최고를 기록했습니다. 그렇다면 그가 20년간 GE의 최고경영자로 근무하면서 GE를 세계 최고의 기업으로 키워낸 비결은 과연 무엇이었을까요?

그의 경영능력에는 어떠한 특성이 있었으며 그가 지닌 노하우가 성공을 향해 손짓하였을 때 그 대상은 물론 시장의 흐름조차 따라올 수밖에 없었던 이유는 무엇이었을까요?

금세기 최고경영자, 그 신화적 인물이 창조한 리더십은 과연 얼마만큼의 힘으로 작용했던 것이었을까요?

그에게 실린 의문들이 가득할수록 우리는 잭 웰치를 존경과 선망의 대상으로 삼게 됩니다.

이런 의문에 대해 많은 사람들이 이러저러한 많은 이유를 내놓고 있지만 다음의 이야기가 내겐 가장 좋은 이유가 된다고 여겨집니다.

이유 가운데 하나가 1위가 아니면 2위, 그 이하는 과감하게 버리라는 것이었습니다. 이는 결과지상주의자들에게 나타나는 현상이지만 그에겐 그것이 아닌 세계적인 경쟁력을 갖추기 위한 필수조건이었습니다. 1위 아니면 2위의 가능성 있는 것만 골라 발전시키기 위해선 그렇지 않은 것들은 당연히 희생해야 하는 문제들이 따를 것이고 그런 것만 선택해서 경영하는 것은 분위기를 차갑고 무겁게 만들 수도 있지만 그러나 그에게는 그런 부작용이 나타나지 않았습니다. 모든 판단이 회사를 위해서였고 여태까지 그의 판단이 대부분 옳았기 때문입니다. 이는 직원들을 채용하는 가운데서도 잘 나타납니다.

잭 웰치는 직원들을 상중하로 분류하여 관리하고 그들의 경쟁을 부채질했습니다. 그러니까 상위그룹에 속하는 직원을 20%로 하고 중간그룹에 속하는 직원을 70%, 나머지 하위그룹에 속하는 직원을 10%로 나누어 전체 직원들의 경쟁력을 높여나간 것이죠. 바로 차별화 전략을 선택한 것입니다. 사람들은 이 차별화 전략에 대해 대단히 우려했지만 그는 이번에도 사람들의 모든 우려를 말끔히 씻어냈습니다.

차별화는 해고를 동반하기 때문에 분노를 일으킬 소지가 충분했지만 점차 시간이 지나면서 차별화는 결국 직원들의 삶을 눈부시게 향상시키는 결과를 만드는 일이라고 생각하게 합니다.

하위그룹에 속한 10%의 직원들은 그것을 불만으로 해석하는 것이 아니라 어떻게 하면 그 10%에서 벗어날 수 있을까를 고심하며 최대한의 노력을 하게 되는 것이지요. 훌륭한 실적을 올린 상위그룹은 상위그룹대로 자기 자리를 지키기 위해 더 열정을 쏟고 중간그룹은 중간그룹대로 상위그룹에 속하기 위해 자기 계발에 힘쓰는 것입니다. 이 제도는 그래서 회사와 직원이 서로 함께 살 수 있는 제도로 성공할 수 있었습니다.

그런 회사의 노력 속에서도 하위그룹을 벗어나지 못하는 직원들은 결국 회사를 떠나야했습니다. 그것이 해고가 되었든 스스로의 판단에 의해서이든 회사가 필요로 하지 않는 직원들은 이렇게 퇴출당하였습니다.

웰치는 이런 전략을 통해 전체적으로 능력이 뛰어난 팀을 만들 수 있다고 믿었던 것입니다. 하지만 그런 하위그룹에 속한 직원들을 해고시키는 것은 어쩔 수 없는 일이었지만 상위에 속하는 직원들에 대한 혜택은 상상하기 힘들 정도였습니다. 그들은 중위그룹에 속하는 직원들보다 두, 세 배 이상의 급료를 받았는가 하면 상상하기 힘든 스톡옵션, 즉 회사직원들에게 주식을 나눠주었으며 승진 등을 보장받으며 승승장구 할 수 있었습니다.

이런 잭 웰치의 차별화 전략은 절묘하게 맞아떨어져 직원들의 사기를 드높였습니다. 하위그룹에 떨어질 것을 염려하는 것이 아니라 어느새 중위그룹이 상위그룹에 속하기 위해 노력하는 자기 발전의 집단으로 변모해 가고 있었던 것이지요. 선의의 경쟁이 회사 내에서 펼쳐지자 그들의 뜨거운 열정은 잭 웰치의 열정과 합치되어 조직의 힘을 더욱 강하게 부풀렸습니다.

직원들은 상위에 속하면 받을 수 있는 보상에 대해 열광했습니다. 목숨을 걸 정도로 그 그룹에 들어가기 위해서 모든 열정을 다 바쳤습

니다. 상위그룹에서도 상위에 속하는 직원들은 보상으로 회사 주식을 100% 받았고 그 아래의 직원들도 거의 그 수준에 육박했으며 보통의 직원들도 50% 이상의 회사 주식을 받았습니다. 그 전까지만 해도 높은 자리에 있는 경영진에게만 주어졌던 회사주식이 능력의 분배로 전 직원에게 확대되었으며 웰치는 이를 당연한 일이라고 생각했습니다.

　직원이 회사에 공로를 했으면 회사는 당연히 보상해야 하고 수익을 일으킨 사람에게는 수익을 나눠주어야 한다고 생각한 사람이 바로 잭 웰치였습니다. 회사주식을 나눠주는 것은 기업의 성공을 함께 나누는 수단이며 단순한 상식이라고 웰치는 생각했고 그것을 적극적으로 실행하여 직원들의 사기를 극대화시켰습니다.

웰치가 최고경영자의 자리에서 물러날 즈음에는 3만 명 이상의 직원들이 회사주식을 받았으며 최고 인재라고 인정받은 GE의 수백 명의 매니저들은 모두 백만장자가 되었습니다.

이 제도를 시작할 때 역시 많은 사람들이 걱정을 하였습니다. 어떻게 매년 10%의 직원을 해고하면서 직원들에게 믿음을 주고 회사의 조직을 꾸려 갈 수 있단 말인가? 그러나 업무가 맞질 않으면 열정이 생길 수 없다는 잭 웰치의 굳은 신념은 절대 변하지 않았습니다. 그들을 해

고시키면서 그 어떤 능력보다 기술보다 우선하는 것이 열정이고 열정 없는 직원은 필요치 않다는 것이 그의 기준이었습니다.

그는 능력껏 열심히 일하면 보상받는다는 것을 안 직원들에게 높은 목표치를 던져주었고 직원들은 그가 던진 목표치를 향해 혼신의 힘을 다해 결국 그 모든 일을 완성했습니다.

상위그룹 직원들에게는 높은 월급, 승진보너스, 그리고 회사주식으로 보상하고 중간그룹의 직원들에게는 기여도를 높일 수 있도록 자기계발을 시키고 회사에 전혀 도움이 되지 않는 하위그룹은 퇴출시킨 그

의 용기있는 결단, 그는 모든 직원을 한결같이 똑같게 대우한다는 것은 다른 사람보다 더 노력하여 회사의 발전에 기여해 회사의 성공을 이끈 사람들에게는 옳지 않은 일이라고 보았습니다. 그것은 인재의 사기를 떨어뜨릴 뿐만 아니라 자신의 회사를 떠나게 하는 가장 큰 원인이라고 믿었습니다. 이를 구별시키지 않고 그저 그대로 경영을 이끄는 경영자는 그 경영자 역시 하위그룹의 직원들과 하나도 다를 것이 없다고 생각했습니다.

그는 딱딱한 것과 부드러운 것을 어떻게 관리해야 하는지를 잘 아는 경영인이었습니다. 사업은 장기적인 것을 계획하면서 단기적인 것을

　헤아리는 능력이 필요합니다. 인재경영도 그 중 하나였고 잭 웰치는 이를 철저하게 믿는 사람 중 하나였습니다. 해마다 능력이 떨어지거나 열정이 부족한 10%의 하위그룹의 직원들을 해고하면서 그는 직원들에게 결단력 있는 리더임을 보여주었습니다.

　매년 10%의 직원을 해고한다는 것을 상기시키며 웰치는 이것이 회사의 조직을 더 강력하게 만들고 있다고 직원들에게 알려주었습니다. 그리고 직원들 자신에게도 자신의 능력을 시험해 보는 좋은 일이라는 것을 인식시켰습니다. 10%의 하위그룹에서 살아남을 수 없다면 그것은 GE에 속하는 것이 아니라는 것을 인식시키며 그 해고를 필수적인 조치로 삼았습니다. 웰치에게 필요했던 것은 그야말로 우수한 인력으로 만들어진 정예멤버였던 것이지요.

　이런 제도가 회사 내에서 자연적인 흐름으로 완성되기까지 웰치는 정직한 평가에 의한 판단이라는 점을 설명하였고 이러한 평가가 일 년에 두 번 이루어지고 직원들이 지금 어떤 위치에 있는가를 설명했습니다. 설명을 할 때는 애매하게 듣기 좋게 말하는 것이 아니라 솔직하게 전달하고 회사의 필수적인 방침인 것을 깨닫게 했습니다. 그러자 직원

CHAPTER 1 세기의 경영인 공공의 적이 되다　69

들은 한결같이 이 회사가 바라는 것은 최고의 인력이라는 점을 깨닫고 거기에 수긍하였습니다.

아무리 강력하고 훌륭한 경영자를 가졌어도 뛰어난 직원이 팀을 만들지 않으면 멀리 못가 그 조직이 무너지면서 기업은 곤란을 겪게 될 것이라는 것을 누구보다 확실하게 이해하고 있었던 웰치였습니다.

그의 비서 로잔 배더우스키는 직원을 해고하는 웰치의 모습을 두고 다음과 같이 말하였습니다.

"직원을 해고하는 잭 웰치의 고통스러운 모습은 보지 않은 사람은 알 수 없었습니다. 직원을 해고하는 것을 매우 고통스러워했지만 그렇다

고 그 일을 남에게 맡기지 않았어요. 하지만 희한하게도 해고통지를 받은 사람들은 화를 내지 않았습니다. 이미 자신들도 오래전부터 자신이 뭔가 잘못하고 있음을 알고 있었던 거죠. 잭은 당사자에게 솔직하게 말하며 해고되는 직원을 아주 신중하게 대하고 존중하였어요."

잭 웰치는 해고에 해당되는 직원을 그렇다고 기회도 주질 않고 무자비하게 해고시켰던 것은 아니었습니다. 그가 그의 문제를 바로잡을 기회를 준 뒤에 그래도 개선될 기미가 보이지 않을 때에 당사자에게 솔직하게 말했지요.

"당신의 능력이 이곳 GE에서는 어울리지 않을 수 있지만 당신만의 독특한 재능을 마음껏 발휘할 수 있는 다른 직업을 찾으면 잘 해낼 수

있으리라 믿어요."

그러면서 서로의 행운을 빌며 손을 굳게 잡았습니다. 회사를 위해선 냉정함을 잃지 않고 원칙대로 밀고나가는 사람이었지만 그런 인간적인 면도 그에게는 있었습니다.

그의 경영에 대한 핵심은 열정과 학습이었습니다. 열정을 가장 우선

시했던 것 같은데 학습도 열정 못지않게 중요하게 생각했습니다. 그는 경쟁관계에 속한 회사들이 어떻게 해서 발전했는가를 학습하며 그 장점들을 배워나갔습니다. 그는 배움의 상대가 누구이며 어딘가를 따지지 않았습니다. 자신이 꼭 배워야 할 것이라 판단되면 그는 어디든 달려가 배웠지요. 배워야 할 것이 아주 사소한 것이라 해도 자신의 발전을 위해, 회사의 발전을 위해 필요한 것이라면 결코 소홀한 적이 없습니다.

잭 웰치는 자신에게 최고경영자 자리를 물려주었던 렉 존스가 그랬던 것과 마찬가지로 자신의 후계에 대해 여러 가지 방안을 찾고 있었습니다. 이는 경영의 하나로 미래를 내다보고 차세대 경영진을 양성하는 것 또한 리더십의 핵심이란 것을 누구보다 잘 알고 있었기 때문입니다.

그는 1994년 봄부터 GE의 후계자를 물색하기 시작합니다. 이때 그는 65세가 되는 해에 GE에서 은퇴하기로 결심한 뒤였고 은퇴 시점은 그로부터 7년 전에 해당하는 해로 못을 박았습니다.

"21세기는 새로운 팀, 새로운 세대가 GE를 이끌 것이다."

모든 것을 이루고 서서히 은퇴를 준비하는 잭 웰치를 비즈니스계의 신화의 인물로 만든 특징적인 점은 무엇일까요? 이에 대해 가치이동의 저자인 애드리언 슬리보트키는 이렇게 말하고 있습니다.

"웰치는 누구보다 추진력이 강했고 명확한 비전을 지니고 있었습니다. 끊임없이 단순화한 전략을 만들어냈고 그것을 직원들에게 명확히 전달했지요. 그는 완벽한 장사꾼이었습니다. 그러나 또한 가치와 가치 성장을 이끌어낸 뛰어난 창조자이기도 합니다."

한편 포브스지는 잭 웰치가 성공할 수 있었던 이유에 대해 다음과 같이 말합니다.

"뛰어난 통찰력이나 대범한 모험심 때문에 성공한 것이 아니라 모든 일에 섬세했고 모든 일에 열정을 가지고 있었기 때문에 오늘날의 웰치가 있을 수 있었다."

그들의 지적대로 웰치는 명확한 비전을 가졌고 섬세했으며 남다른 열정이 있었습니다. 그리고 그의 태도는 언제나 신중했으며 모든 일에 최선을 다한 사람이었습니다. 우리는 그가 다음과 같이 말하는 것에 귀를 기울일 필요가 있습니다.

"경영은 복잡하고 어려운 과학이 아닙니다. 오히려 아주 단순합니다. 일을 필요 이상으로 어렵게 만들지 말고 단순화시키며 이렇게 할 수 있으려면 반드시 그렇게 할 용기가 필요하다는 것을 잊지 마십시오. 그 용기를 만들기 위한 용기를 가지십시오."

성공의 리더십

CHAPTER 2

금세기 경영자로서 최고의 능력을 발휘한 잭 웰치는 살아있는 전설이다. 이를 능가할 CEO는 아직 없다. 그의 탁월한 경영능력이 제너럴일렉트릭을 미국 최고의 기업, 아니 세계 최고 기업으로 성장시키고 그는 특히 일반사원으로 입사하여 그룹 최고 경영자의 위치에, 그것도 가장 어린 나이로 정상에 오른 입지전적인 인물이다. 이를 통하여 아이들은 세계 최고 경영인의 노하우를 배우며 꿈을 갖게 한다.

John Frances Welch Jr

John Frances Welch Jr

성공한 사람의 31가지 리더십의 비밀

 기업을 경영하는 최고의 리더로서 가장 먼저 해야 할 것은 무엇일까요? 그것은 바로 혁신과 신장이 아닐까요? 이러한 면에서 잭 웰치가 보여준 혁신과 신장은 세계 기업사에 영원히 남을 만큼 위대한 업적을 남겼습니다.
 그는 최고의 경영자 자리에 올랐을 때 기업의 성장을 계속 이어가고 21세기에도 기업의 힘이 강할 수 있게 하기 위해서는 혁신이 필요하다고 믿었습니다. 그래서 자신의 기업에 맞는 혁신을 과감히 단행합니다.

그리곤 많은 사람들의 우려에도 불구하고 그는 성공해서 회사를 신장시켰습니다.

그러나 혁신이란, 생각이나 말처럼 그렇게 쉬운 것이 아닙니다. 뼈를 깎는 고통이 따르는 일이며 그것을 반대하는 세력도 이겨낼 수 있는 용기가 필요합니다. 최고경영자가 등장하기 전의 사람들은 특히 회사가 정상적으로 잘 돌아가고 있다고 믿는 사람들은 변화를 두려워하고 이를 원치 않았습니다. 미래의 예측을 선불리 하려 하지 않았고요. 그것은 미래의 예측에서 오는 불필요한 실패를 걱정했기 때문입니다.

혁신은 자칫 회사의 운명을 좌우할 수 있기 때문에 결단을 내리기 어렵습니다. 그러나 반대하는 세력들을 설득하여 혁신이 왜 필요하고 혁신의 방향은 어떤 것인지 제시하는 것도 리더의 몫이고 책임이지요. 이들을 아우르며 앞으로 나가는 리더의 혁신 작업은 그래서 힘들고 자기 뜻대로 단행하기가 어려운 것입니다.

성공의 리더십은 타고난 것인가, 아니면 만들어지는 것인가요?

나는 성공의 리더십은 만들어지는 것이라 믿습니다. 여기엔 자기 철학이 있어야 하고 자기 열정이 있어야 하며 자기가 만들어낸 리더십에 믿음이 있어야 합니다. 성공은 성공한 사람의 이야기로부터 얻어지는 것이지요. 성공한 경영자를 통해 리더십의 비밀, 리더십의 필수요소, 그리고 성공한 경영노하우를 배우는 것은 성공을 꿈꾸는 사람에게 그야말로 필수적인 것이라 말할 수 있습니다.

잭 웰치의 리더십은 대체적으로 31가지 리더십으로 요약되며 그 리더십의 뛰어난 특성은 많은 사람들의 공감을 얻고 있습니다. 그 내용을 살펴가면서 잭 웰치가 가지고 있었던 리더십의 비밀을 알아보기로 하죠.

1. 늦기 전에 변화하라!

세상에서 변화를 즐기는 사람은 별로 없을 것입니다. 그것도 이제껏 잘 운영되어 온 기업을 스스로 변화시킨다는 것은 쉬운 일이 아니지요. 하지만 새로운 환경이 올 것을 미리 알고 이에 대처하여 재빨리 변화를 찾는 것이 리더에게 꼭 필요한 자질입니다.

2. 눈앞에 나타난 흐름을 바로 보고, 그것을 회피하지 말라!

기업경영의 승자에겐 승자의 조건이 있습니다. 그것은 경쟁상대의 특성을 재빨리 파악하고 거기에 알맞은 판단으로 대응할 수 있는 능력과 용기를 지녀야 한다는 점입니다. 가능하다면 학습으로 연결하여 이런 능력을 키울 필요도 있습니다. 경영에서 실패한 대부분의 사람들은 현실의 흐름을 빨리 파악하지 못했기 때문입니다.

3. 언제라도 실행 계획서를 고쳐 쓸 수 있는 마음자세를 가져라!

누구나 잘못된 판단으로 실수는 할 수 있습니다. 그러나 실수가 드러날 경우 이를 재빨리 인정하고 자신의 계획을 취소시킬 용기가 있어야 합니다. 이런 용기야말로 경영인의 필수 리더십에 속하는 일입니다.

4. 관리를 적게 할수록 경영성과는 높아진다!

경영에 필요한 것만 골라 간단한 경영을 하도록 해야 합니다. 불필요한 요건을 갖추고 형식적인 절차를 지나치게 따지면 거기에 소요되는 시간이나 돈의 낭비를 막을 수가 없습니다. 또한 조직의 단계가 줄어들어 경영의 폭이 넓게 이루어지는 장점이 있지요.

5. 사업 전체를 관찰하고 모든 것을 파악하라.

경영인의 필수적인 조건은 결정적인 것을 찾아내는 일입니다. 무엇을 개선해야 하며 무엇을 육성해야 하고 무엇을 포기해야 하는지를 가장 빠르게 결정해야 합니다. 제품의 시장이 어떻게 변화하는지를 재빠르게 간파해서 이를 경영에 반영시켜야 합니다.

6. 현실을 바로 보라.

시장은 현실에 바탕을 두고 있습니다. 재빠르게 시장의 흐름을 읽고 대처해 나아가지 않으면 어느새 뒤처져 회복하기 어려운 지경에 이릅니다. 시장을 장악하는 일, 그저 어떻게 되겠지 하는 막연함으로 기다리면 안 됩니다. 기회를 잃고 돌아보면 대부분 눈앞의 현실을 주저하다가 기회를 잃은 경우입니다. 경영의 모든 것은 여기서 출발하고 여기서 끝맺는다는 것을 잊어선 안 됩니다.

7. 한 가지 아이디어에만 매달리지 마라.

어느 한 사업을 이끌기 보다는 가능성이 분명한 것을 몇 가지 마련하여 거기에 초점을 맞추어 끌고 가는 것이 좋습니다. 아이디어는 끊임없이 변화하는 환경을 통해 나타나는 것이기에 한 가지 아이디어로 거기에 매달리는 것은 좋은 방법이 아닙니다.

8. 1위 아니면 2위를 차지하라.

제품과 서비스분야에서 보통의 수준을 가진 업체가 발붙일 곳은 없습니다. 성장 가능성이 있는 사업을 찾아내고 그 사업을 1위 아니면 최소한 2위라도 성장시킬 수 있게 해야 합니다. 왜냐하면 그런 기업만이 승자가 될 수 있기 때문이지요.

9. 하루라도 빨리 조직의 규모를 줄여라.

조직의 규모를 줄이는 것은 생각처럼 쉬운 일이 아닙니다. 조직의 규모를 줄인다는 것은 직원들을 해고시키는 일이고 그것은 직원들에게 너무 가혹한 일이기 때문이지요. 그러나 기업이 살아남기 위해서는 조직의 규모를 줄여야 합니다. 잭 웰치는 가혹한 행위인지 알면서도 대대적인 수술을 감행하지 않고서는 GE가 더 이상 발전할 수 없다는 것을 알고 회사의 높은 이윤을 창출하기 위해 과감한 결단을 내렸던 것입니다.

10. 기업의 개혁과 변화에는 성역이 없다.

사업을 정확하고 엄격하게 관찰해야 합니다. 회사의 이익을 위해 필요하다고 인정되는 일들을 하기 위해서는 그 어떤 일도 두려워해선 안 됩니다. 필요한 직원은 누구이며 이익을 남기는 사업 분야는 어떤 것인지 얼른 판단하고 결정해야 합니다. 올바르게 판단하여 내린 결정에는 나쁜 결과는 없습니다. 그리고 모든 것이 안정적이라고 판단될 때에 변화를 시도해야 합니다.

11. 유망한 시장에서 가능한 경쟁을 피할 수 있는 분야를 선택하라.

경쟁상대가 있다는 것은 여러모로 피곤한 일이고 그 싸움에서 이겨야 한다는 절박함이 생깁니다. 하지만 시장에서 경쟁상대는 거의 있기 마련이므로 반드시 승자가 되도록 해야 하고 승자가 될 수 없다면 빠져나갈 구멍을 마련해놔야 합니다. 안전지대를 확보해야 합니다. 구태여 싸울 필요는 없지요.

12. 새로운 기업문화를 만들어 그것을 세상에 알려라.

우수한 경영을 하기 위해서는 변혁만으로는 부족합니다. 좋은 아이디어를 끊임없이 만들어내야 하고 그러기 위해 웰치는 뉴욕의 크로톤 빌에 있는 경영개발센터를 활용했으며 이를 통해 자신의 메시지를 쉽고 빠르게 그리고 많은 수의 사람들에게 전달할 수 있었습니다.

13. 과거에 연연하지 말고 열린 마음으로 변화를 받아들여라.

경영자란 관리하는 것이 아니라 기업을 이끌어 가는 것입니다. 그것은 관리한다는 말이 과거에 속하는 것이라 생각했기 때문이지요. 그래서 그는 지난날의 영광을 기억하지 않고 과감한 혁신을 단행했으며 미래를 위한 변화를 꾀했습니다.

"나는 어제로부터 가능한 한 많은 것을 얻어내려고 노력한다. 그러나 그것보다 더 중요한 일은 나는 내일을 위해 사는 사람이다."

14. 실행 계획서를 항상 점검하라. 그리고 필요하다면 언제든 그 계획을 수정하라.

잭 웰치가 토스터, 다리미 등 소형 가전제품을 포기하려고 할 때 사람들은 그것은 회사를 수십 년 동안 먹여 살린 효자상품이라고 반대했습니다. 그러자 잭 웰치가 그런 사람들에게 다음과 같이 묻습니다.

"21세기에 접어들었을 때 당신은 토스터를 생산하는 곳에서 일하고 싶은가, 아니면 CT 스캐너를 생산하는 곳에서 일하고 싶은가?"

잭 웰치는 소형 가전제품이 GE에게 명성을 가져다 준 중요한 사업인 것은 인정했지만 그러나 미래를 생각할 때 더 이상 성장가능성을 갖고 있지 못하다는 판단에 의해 그것들을 포기하려고 했던 것입니다.

15. 아이디어는 제공하되 절대 간섭하지 마라.

잭 웰치의 경영철학은 최고의 성공을 거둘 수 있는 사업에 최상의 능력을 가진 인재를 배치하고 가장 올바른 사업을 택하여 자본을 투자하는 것입니다. 그리고 아이디어를 제공하고 자원을 공급한 뒤에는 그 일에 전혀 간섭하지 않고 내버려 둡니다. 그것이 거대한 기업을 경영하는 자신의 임무라고 믿었습니다.

16. 직원들에게 의사결정에 속한 모든 정보를 입수하도록 하라.

경영자의 정보가 부하 직원들이 갖고 있는 정보를 능가해야 한다는 시대는 지났습니다. 또한 경영자가 부하 직원들보다 더 많은 지식을 가지고 있어야 한다는 사고방식의 시대도 지났다고 생각했습니다. 경영자는 모든 사람이 함께 정보를 가질 수 있는 역할을 해야 한다고 믿었습니다.

17. 직원들이 성장할 수 있도록 도와주고 미래를 열어갈 수 있는 분위기를 만들어 주어라.

경영자가 반드시 해야 할 일은 부하 직원들이 능력에 따른 승진 기회를 주고 성장할 수 있도록 도와주어야 하며 그들이 더 나은 미래를 열어갈 수 있도록 분위기를 만들어 주어야 합니다. 지도자가 되기 전에는, 성공이란 오로지 지도자 자신의 성장을 의미했지만 그러나 지도자가 된 뒤의 자신에게 성공이란 다른 사람을 성장시키는 것을 의미하지요.

18. 군살을 빼고 경영하라.

잭 웰치는 말했습니다.

"불필요한 여러 부문을 제거하였더니 무려 4,000만 달러가 절약되었다. 현재 우리가 얼마나 신속하게 시장을 개척하고 있는가 하는 것 따위는 제외된 수치가 그 정도였다. 조직을 줄이고 각 부문의 사업부에서 스스로 책임을 지는 분위기로 만들어 나갔더니 더 많은 액수가 줄어들었다."

19. 비전을 제시하되 회사의 비전을 자기 스스로 실천하도록 만들라.

훌륭한 경영자는 자신과 함께 일하는 직원들이 기업의 사정과 시장이 어떻게 형성되는가를 자신보다 잘 파악하고 있다고 생각합니다. 훌륭한 경영자는 비전을 제시하고 기업을 위해 일하는 사람들에게 그것을 인지시켜 그 비전을 자신의 것으로 삼게 만들지요. 이때 직원들이 그것을 완성하기 위해 모험을 두려워하지 않는 용기를 갖도록 도와줍니다.

20. 작은 회사처럼 움직여라.

큰 회사를 작은 규모의 회사처럼 움직이라고 말하는 것은 작은 회사는 의사소통을 더 원활하게 할 수 있으며 더 빨리 움직이고 시장에서 머뭇거렸을 때의 대가가 무엇인가를 잘 알고 있기 때문입니다. 그리고 작은 규모의 회사처럼 움직이면 시간을 절약할 수 있으며 끊임없이 재검토, 승인, 서류 작성 훈련 등으로 시간을 낭비하지 않습니다.

21. 도약을 목표로 삼아라.

회사가 도약하기 위해서는 다른 회사의 대규모 매입도 필요하다는 것이 잭 웰치의 생각입니다. 거기에는 뚜렷한 목표가 있어야 하는데 단순히 대규모 매입을 통해 한정 없이 회사를 늘리는 것이 아니라 회사에 이익과 가치를 보태는 것, 그것이 목표인 것이지요. 그리고 정당한 목표를 갖는 것에 대한 매입은 바로 회사 소득과 가치에 도움이 되는 것이라는 게 그의 한결같은 생각이었습니다.

22. 비용을 절감하기 위해서는 반대의견을 가진 사람에 굽히지 마라.

비용을 절감하기 위한 목표를 실행에 옮기려면 반대의견에 부딪칠 것은 각오해야 합니다. 왜냐하면 경비 절감 안을 처음부터 인정하지 않으려는 사람들이 의외로 많기 때문입니다. 그들은 경비를 절감함으로서 나타나는 불편함을 따르려 하지 않습니다. 웰치는 그런 사람들과 논

쟁을 끝까지 벌이면서 비용을 절감하는 것이 회사에게 어떠한 이익을 가져오는 가를 설명하면서 회사를 튼튼하게 하는 일인 것을 인식시킵니다.

23. 더 빨리 움직여라.

신속하게 움직이는 것은 빠르게 변해가는 경쟁의 세계에서 반드시 필요합니다. 신속하게 움직이는 것은 기업이나 또한 그렇게 움직이는 사람을 젊게 유지시킵니다. 또한 분위기를 활기차게 만들지요.

24. 조직의 장벽을 없애라.

웰치는 조직의 장벽을 없애는 것만이 회사가 목표한 생산성을 이룰 수 있는 유일한 길이라고 주장하며 각 조직이 서로 다른 기능을 가져 자연히 생겨날 수밖에 없는 장벽을 허무는데 노력하였지요.

25. 부서간의 상승효과를 만들고 여러 가지 일을 하나로 하라.

자신만의 울타리를 고집하고 자기중심적인 사람은 다른 사람들과 어울려 일을 할 수 없을 뿐만 아니라 새로운 아이디어를 창출하지 못하고 그런 사람은 회사에 있을 필요가 없다는 것이 그의 생각이었습니다. 조직이란 형식에 얽매이지 않고 자유로운 분위기에서 서로를 신뢰하는 곳이어야 하는 만큼 부서간의 상승효과를 위해 서로 돕고 하나가 되어 움직이는 것은 회사의 생명과 같은 것이라는 믿음을 가지고 있었습니다.

26. 직원들에게 권한을 주어라.

직원들의 능력을 최대한 끌어내기 위한 방법은 그들을 보호하는데 있습니다. 그들을 억누르는 것이 아니라 소신껏 일할 수 있는 자유를 주고 그들에게 철저하게 맡기는 것입니다. 그러기 위해선 그들을 억누르는 조직 계층을 없애고 그들이 소신껏 일할 수 있는 분위기를 해치는 장애물을 없애주어야 합니다. 이것은 신뢰를 바탕으로 했을 때 가능한 일이지요. 신뢰를 얻기 위해서는 신뢰를 주어야 하는 것처럼 웰치는 성공적 파트너십으로 신뢰를 선택하고서 조직의 구성원들에게 권한을 주었습니다.

27. 직원들이 자유롭게 자신의 의사를 표현할 수 있는 분위기를 만들어라.

잭 웰치는 관리자만이 아이디어를 낼 수 있다고는 생각하지 않았습니다. 또한 관리자들만이 회사에서 일어나는 문제점들을 다 해결할 수 있다고도 생각하지 않았습니다. 오히려 그런 것들은 생산성 향상에 기여하는 생산 현장 가까이에서 일하는 직원들에게 찾을 수 있다는 것을 믿었지요. 경영자는 직원들이 누군가에게 자신의 문제점을 솔직하게 털어놓을 수 있는 분위기를 만들어야 한다고 생각했습니다.

28. 현장의 목소리에 귀를 기울여라

잭 웰치는 실제로 현장에서 일하는 사람들의 목소리에 귀를 기울이기 위해, 그들의 창조성을 이끌어 내기 위해, 그들의 아이디어를 보다 주의 깊게 듣고 좀 더 많은 것을 회사 전체에 실행하기 위해 워크아웃을 도입한 것이라고 말했습니다.

29. 필요하지 않은 업무는 과감하게 없애라.

기업의 중요한 목표는 높은 생산성입니다. 그렇다고 해서 지나치게 목표를 높게 설정하면 그 목표를 만족시킬 수 없게 되지요. 웰치는 불필요한 업무를 없앰으로써 직원들이 확실한 성과를 거두게 될 것임을 굳게 믿었습니다.

30. 직원들의 모든 질문에 답하라.

부하 직원들의 질문 속에서 그들의 마음과 그들이 바라고 있는 것이 무엇인지를 깨닫게 되었다고 웰치는 말했습니다. 그리고 그들의 아이디어를 들으면서 느낀 것은 그들이 현장 가까이에서 일하기 때문에 그 누구의 의견보다 낫다는 것을 알게 되었다고 말했습니다.

31. 신속함과 단순함, 그리고 자신감을 자신의 목표로 삼아라

신속함은 가능한 한 일을 빨리 결정하여 조직으로 하여금 오랜 기간에 걸쳐 처리해야 하는 일거리들을 빨리 처리할 수 있도록 만들어줍니다. 단순함은 바로 비전을 제시하는 것과 사람과 사람의 솔직함, 즉 정직성을 뜻합니다. 그런 다음 또 하나, 바로 자신감을 갖는 일이지요. 자신감은 매우 필요하며 회사는 모험하고 승리할 수 있도록 기회를 만들

어 주어야 합니다. 무엇보다 중요한 것은 지도자 자신이 자신감이 있어야 합니다. 자신감이 있어야 남을 인정하고 격려할 수 있는 것이며 자신감 있는 지도자와 함께 일할 때 직원들은 기꺼이 위험부담을 질 용기를 내고 꿈을 넘어서는 것이지요.

자신의 리더십 비밀을 이렇게 31가지로 요약한 잭 웰치는 또한 리더십의 필수요소를 월스트리트저널 기고문에서 밝혔습니다. 그것은 바로 4E였고 이것을 자신이 추구하는 성공의 방법으로 채택하고서 이를 실천한 인물이었습니다.

그가 중요하게 생각한 4E를 살피면 다음과 같습니다.

1. Energy(에너지 · 활력)
2. Energize(에너자이저 · 동기부여)
3 Edge(에지 · 결단력)
4. Execute(익스큐트 · 실행력)입니다.

이는 리더십 있는 사람을 구별해 내는 방법을 밝힌 것으로서 웰치는 GE에서 약 30년간 리더를 채용하고 때로는 해고하면서 리더는 어떻게 보이고 행동하는지 알게 됐다며, 이 말의 구체적인 내용을 자신의 책 '잭 웰치, 끝없는 도전과 용기(청림출판 간)'에서 자세하게 말하고 현대 리더십의 특징인 4E를 상세히 강조했습니다.

첫째, 활동과 변화를 좋아하는 '활력'을 가지고 있어야 합니다.

에너지는 열정인 것입니다. 그러한 열정으로 좋은 아이디어를 찾아야 하고 새로운 아이디어는 사람에게 에너지를 불러일으킵니다. 경영자에게 필요한 열정은 겉으로 드러나야만 좋은 것은 아니지요. 내면 깊숙한 곳에서 살아 움직이고 있으면서 직원의 열정을 불타오르게 하고 그들을 길러낼 수 있도록 해야 합니다.

둘째, 경영자는 조직에 에너지를 불러일으키는 사람입니다.

만약 산을 옮겨야 한다면 사람들이 그렇게 할 수 있다는 신념을 갖게 할 만큼 '동기를 부여'할 수 있어야만 합니다. 동기를 만들어 주는 핵심은 직원들이 그 목표를 향해서 달리게 만드는 것입니다. 훌륭한 경영자는 직원들이 도전적이고 창조적인 업무를 수행하고 있다는 확신을 가지게끔 해야 합니다.

좋은 아이디어로 목표를 만들어 비전을 명확하게 제시하고 그들로부터 그런 기준 속에서 창조적 행동을 하도록 하게 하면 됩니다. 그런 환경을 만들어 주면 직원들은 회사에 대해 긍정적으로 생각하게 됩니다. 자신은 무엇이든 창조할 수 있고 어떠한 일도 해낼 수 있다는 그런 믿음이 생겨납니다.

셋째, 예스와 노의 결정을 내릴 수 있는 '날카로운 결단력'이 있어야 합니다.

경영자는 항상 애매하고 복잡한 상황에서 결단을 강요받지요. 이때 단순한 목표를 달성하기 위한 결단을 내릴 수 있는 리더십이 바로 결단력인 것입니다. 잭 웰치가 재임기간 동안 약 1,200여 건의 기업인수를 단행했다는 것은 유명한 이야기입니다. 그 많은 기업을 인수하기까지 잭 웰치의 매 순간은 결단의 연속이었지요. 그 결단에는 항상 확고한 회사 이익창출이 있었고 이익창출을 위해선 매출을 늘려야 한다는 절박한 현실이 있었습니다. GE를 세계에서 가장 경쟁력 있는 기업으로 만들기 위해 그는 매사 결단을 피하지 않았고 느리게 결정하는 것을 싫어했습니다.

결단력을 가지고 있는가?

경영을 꿈꾸는 사람에게 웰치가 던지는 질문입니다.

넷째, 일을 '실행'할 수 있는 능력을 갖추어야만 합니다.

앞의 세 가지 E를 만족시키더라도, 실제로 계획을 실행시켜 결과를 만들어내지 못한다면 아무 소용이 없습니다. 실행은 앞의 세 가지 E를 요약한 것이라고 봐도 됩니다. 리더들은 열정을 갖고 에너지를 불러일

으키고 결단을 내려야 하지만, 그 결단이 결과로 이어지도록 실행할 줄도 알아야 합니다. 그러나 웰치는 이렇게 설명한 뒤 이것을 모두 갖추었다고 해서 리더로서 성공하는 것이 아니라고 말하며 덧붙였는데 만약 4E가 모두 있다면, 마지막 요소로 삶과 일에 대한 열정이 있는지 확인해야 하는 게 무엇보다 중요하다고 힘주어 말합니다.

웰치는 또 4E와 열정이 있는지 두 가지를 확인하기 전에 반드시 체크해봐야 할 두 가지 질문이 있는데 하나는 그가 성실성을 갖고 있느냐는 것이고, 또 하나는 다른 우수한 사람을 지휘할 만큼 폭넓은 지식을 가진 똑똑한 사람인가라는 것입니다.

그러나 처음부터 4E가 마련되어 있었던 것은 아닙니다. 원래 3E가지만 있었는데 웰치는 뭔가 이 3E로만은 부족한 느낌이 들었지요. 그래서 곰곰이 고민을 거듭하던 끝에 찾아낸 것이 바로 네 번째 실행력이었고 그리하여 4E의 개념을 형성하게 되었던 것입니다.

그는 또한 자신의 경영 노하우 10가지를 밝혔습니다.

1. 사람에게 투자하라

미래의 발전을 위해 인재를 찾아내 그 인재에게 투자하라는 것입니다. 인재가 모든 일에 관여하기 때문에 인재의 능력이 가장 우선시 되어야 한다는 것이지요. 그는 가능한 한 유능한 인재에게 많은 것을 투자했으며 그들에게 권한을 주었고 그들이 알아서 일을 하도록 자유를 주었습니다.

2. 시장을 장악하지 못하면 떠나라

시장을 장악할 능력이 부족하면 즉시 그 자리에서 떠나라고 말합니다. 계속 그 자리에 머문다는 것은 시간과 돈을 낭비하는 일이며 적어도 두 번째의 능력까지는 있어야 한다는 것이 그의 생각이지요. 그러지 못하면 당장 다른 일을 찾아 떠날 것을 요구합니다.

3. 현실에 만족하지 마라

쉼 없이 연구하고 쉼 없이 일하라고 재촉합니다. 현재의 일에 만족하고 있으면 미래는 없으며 끊임없이 변화하는 자만이 성공의 목표에 다다를 수 있다고 강조합니다.

4. 서비스를 최우선으로 생각하라

어느 기업이든 서비스를 최우선하지 않으면 고객만족을 얻기 어렵다는 것입니다. 품질과 서비스는 서로 연관되어 있어야 하며 이런 관계를 중요하게 생각하고 발전시켜야 한다고 말합니다. 품질은 곧 서비스지요. 서비스야말로 기업이 성장하기 위한 성장 엔진이고 수익성을 향상시키는 고도의 품질입니다.

5. 과거를 버리고 미래를 향해 가라

지나간 것은 시대적 유물로 과감히 버리고 새로운 것을 창조하십시오. 정보기술이든 인터넷이든 새로운 것이라면 전부 받아들이고 이것들을 미래 창조의 발전적 요소로 생각하라는 것입니다.

6. 학습하는 리더가 되어라

진정한 리더는 끊임없는 학습을 통해 유지됩니다. 의사결정도 학습을 통해 반영되고 미래를 내다보는 능력도 학습을 통해서만 이루어집니다. 웰치는 열심히 학습하여야만 미래가 있다고 강하게 믿었던 사람입니다. 그리고 학습에 열의를 가지고 있는 사람만이 지속적으로 자신을 향상시키고 발전시킨다고 믿었던 사람입니다. 끊임없이 공부해야 하고 성공의 문으로 들어가기 위해서는 멈추지 않는 학습에 있다고 믿었던 사람입니다.

7. 나만 옳다는 판단을 버려라

리더는 자기의견에 빠져들기 쉽습니다. 자기 판단이 옳으며 남의 의견을 무시하려 합니다. 그러나 진정한 리더는 남의 의견에 귀를 기울여야 합니다. 나만 옳다는 생각에서 벗어나 모든 사람의 의견을 존중할 줄 알아야 합니다.

8. 관료주의를 없애라

자기 업무와 직접 관련이 없는 일에는 신경을 쓰지 않고, 자기 책임은 지지 않으려 하면서도 독선적인 행동이나 의식을 보이는 따위의 관료적 특성을 버려야 한다고 말합니다. 모든 일에 관심을 두고 창의적 행동을 보이며 열정을 가지라고 말합니다.

9. 인내심을 가져라

모든 일에 인내심을 가지십시오. 즉흥적인 판단을 피하고 그 판단이 내려지기 전까지 깊이 생각하여야 합니다. 자신의 판단이 잘못될 수 있다는 것을 명심하고 한 번 더 생각하는 인내심을 키워야 합니다.

10. 작은 것을 경영하듯 하라

경영의 흐름은 작은 것이든 큰 것이든 같습니다. 작은 일이라고 해서 방법이 틀린 것이 아니고 큰 것이라고 해서 방법이 다른 것이 아닙니

다. 경영은 같습니다.

경영의 노하우는 사실 일반적으로 생각하는 것과 크게 다르지 않습니다. 그런데도 그런 경영 노하우를 실천에 옮기지 못하고 허둥대는 이유는 뭘까요? 아마 그런 습성이 몸에 배지 않아서 그런 것이 아닐까 생각합니다.

경영을 실천하는 리더는 자신만의 전략이 있습니다. 웰치의 전략 가운데 최고의 장점은 긍정의 힘, 에너지를 불어넣는 능력, 그리고 열정을 가진 인재를 찾고 만드는 일이었습니다. 그리곤 이들을 집중적으로

교육시키고 개발하는데 힘썼으며 비로소 GE가 추구한 것들을 모두 갖추었을 때 그들을 승진시켰습니다. 한마디로 리더가 될 자질을 갖춘 사람을 찾아 리더로 키우는 전략이었던 것이지요.

리더가 되기 전에 성공이란 단순 자기 자신만의 성장을 의미합니다. 그러나 리더가 된 뒤에는 또 다른 리더를 키우는 것에 성공이 달성된다는 것을 잊어선 안 됩니다. 팀을 육성하고 지원하며 그들에게 자기 확신을 증대시키고 그러면서 실적을 만들어내는 일이야말로 진정한 리더로서 할 일이 되는 것입니다.

잭 웰치는 직관이 중요하다는 생각을 가지고 있는 사람입니다. 그의 이런 생각은 늘 변함없이 그를 이끌었습니다. 그는 1등 상품이 될 가능성이 있는 상품을 선호하고 2등 상품이 될 가능성이 있는 상품을 2차적으로 생각합니다. 누구나 최고경영자라면 뿌리칠 수 없는 중요한 선택이며 가능성을 찾는 일이지만 그의 이런 집착은 특별납니다.

경영의 핵심은 무언가를 이뤄내는 것이지요. 그러기에 당연히 가능성이 있는 상품과 가능성이 없는 상품을 가려낼 줄 아는 눈을 가지고 있어야 합니다. 훌륭한 경영자는 원인과 결과를 파악할 수 있어야 합니다.

어느 날, 잭 웰치는 식당에서 아내와 함께 식사를 하고 있었습니다. 그런데 문득 좋은 아이디어가 떠올랐고 메모장을 찾던 그는 메모장이 없자 급히 식탁에 놓인 냅킨을 빼들어 자신이 생각한 것을 단숨에 그려

가기 시작합니다. 그가 식사를 하다말고 그린 것은 바로 세 개의 원이 었습니다.

　GE의 복잡한 사업 부서를 세 개의 것으로 나눈 뒤 미래에 1, 2등이 될 가능성이 있는 사업은 원 안에 위치시켜 회사가 집중으로 지원할 대상으로 삼고, 그럴 가능성이 없는 사업부서는 원 밖에 위치시켜 남에게 팔아버릴 대상으로 삼았습니다. 그리고 그 메모를 발전시켜 자신의 생각을 남들에게 전파하는 수단으로 계속 이용했는데 '잭 웰치를 움직인 세 개의 원'이라는 책을 보면 위에서 설명된 내용이 자세하게 나오는데 대강은 이렇습니다.

　그림의 기법을 활용하는 사업가는 많습니다. 기업의 뛰어난 리더나

비전을 제시할 수 있는 최고경영자 가운데 많은 사람이 그림을 통해 설명하고 분석하여 그것을 중요한 사업에 활용하는 것을 우리는 많이 보아왔습니다.

잭 웰치는 이런 그림의 기법을 활용하는데 대해 이렇게 말했습니다.

"나는 어떤 것들을 설명할 때 세 개의 원을 사용해 단순하고 또렷하게 보여주는 방식을 선호합니다. 그림은 내 비전을 늘리고 실행하는 데 있어 내가 가장 필요로 했던 단순한 설명 도구였습니다."

1980년대의 GE는 대기업병에 빠져 있었습니다. 문어발 경영은 물론 돈이 될 만한 것은 모두 손을 대어 성공을 거두고 있었는데 이를 독자적인 경영철학으로 재 혁신하여 멋진 성과를 거둔 것이 바로 잭 웰치였습니다. 이때 개혁을 진행하면서 성공을 거두도록 도운 것이 바로 이 한 장의 간단한 그림이었습니다.

GE는 당시 아주 작은 소형 가전제품에서부터 시작해 원자력 발전소 건설이나 항공기는 물론 엔진 제조에 이르기까지 폭넓은 분야에 관여하고 있었습니다. 하지만 잭 웰치는 장기적인 경영전략 없이 이렇듯 많은 사업 부문을 관리해서 끌고 가는 당시의 상황에 대해 심각한 위기감을 느끼고 있었습니다.

하지만 회사 내에서는 각 사업부가 이익을 내고 있는데 대체 무엇이 문제냐?는 불만의 목소리가 들끓었습니다. 지나친 상상과 쓸데없는 걱정으로 인해 괜한 고민을 하고 있다는 뜻이었지요. 그러나 지금은 흑자를 올리고 있어도 시장 환경에 따라 갑작스럽게 적자로 바뀌는 사업이 너무 많았기 때문에 잭 웰치는 과감한 혁신이 필요하다고 생각했습니다.

기업의 변화를 누구보다 빠르게 예견한 잭 웰치는 1등이나 2등이 아니면 고쳐라, 매각하라, 아니면 폐쇄하라는 혁명적인 방침을 내세웁니다. 그러나 구체적으로 그 대상을 어떤 사업부를 중심으로 하고, 어떤 사업부를 정리할지, 전 사원이 이해할 수 있도록 하는 방법은 그에게도 문제로 남아 있었습니다.

그래서 잭 웰치는 많은 사업 부문과 대화를 거듭하고 오랜 시간 생각한 끝에 누구나 한눈에 회사의 경영전략을 이해할 수 있는 도형을 생각해냈던 것이고 상당히 성공을 거두게 되었습니다. 이 도형을 생각해내던 당시를 그는 이렇게 말하고 있습니다.

"나는 오랫동안 내 계획을 효과적으로 전달하기 위한 방법에 대해 고민을 많이 했었지요. 이상하게 들릴지 모르지만, 나는 식당에서 아내와 함께 식사하는 자리에서 그 해답을 발견했습니다."

그는 아내와 함께 레스토랑에서 식사를 하던 도중 문득 자신의 계획을 설명시킬 방법이 떠올라 종이 냅킨에 세 개의 원을 그리고 거기에다 GE의 각 사업 부문을 적용시켜 보았다고 합니다.

첫째 원은, GE의 핵심인 제조 사업 부문으로, GE가 자신 있게 내세울 만한 분야였습니다. 여기에는 앞으로 높은 수익을 기대할 수 있는 주요 가전, 조명, 운송설비 등이 포함되어 있었지요.

둘째 원은, 앞으로 높은 수익을 기대할 수 있는 하이테크 사업 부문으로, 의료기기나 신소재, 항공우주 부문 등이 포함됩니다.

셋째 원은, 서비스 사업 부문으로, 비교적 적은 투자로 높은 수익을 얻을 수 있는 금융이나 정보, 원자력 발전소의 유지 보수 서비스 등이었습니다.

그리고 이 세 개의 원에 들어 있지 않은 사업은 고쳐라, 매각하라, 아

니면 폐쇄하라의 대상이 되었던 것이지요. 대상이 되었던 것들은 모두 이익이 없거나 성장성이 낮고 회사 전략과 맞지 않는 사업 분야였기 때문입니다.

  이것은 실제로 사람들을 빨리 설득시킬 수 있는 도형이었으며, 잭 웰치의 경영전략을 전 사원에게 전달하고 이해시키는 데 커다란 도움이 되었습니다. 잭 웰치의 이 경우는 비전을 세우고 다른 사람에게 자신의 의사를 전달할 때 이런 그림을 통한 설명이 상대를 이해시키는데 효과적인 도구라는 사실을 증명한 아주 좋은 예입니다

전설적인 경영개발센터
크로톤빌

CHAPTER 3

금세기 경영자로서 최고의 능력을 발휘한 잭 웰치는 살아있는 전설이다. 이를 능가할 CEO는 아직 없다. 그의 탁월한 경영능력이 제너럴일렉트릭을 미국 최고의 기업, 아니 세계 최고 기업으로 성장시키고 그는 특히 일반사원으로 입사하여 그룹 최고 경영자의 위치에, 그것도 가장 어린 나이로 정상에 오른 입지전적인 인물이다. 이를 통하여 아이들은 세계 최고 경영인의 노하우를 배우며 꿈을 갖게 한다.

John Frances Welch Jr

John Frances Welch Jr

전설적인 경영개발센터 크로톤빌
CHAPTER 3

나는 실패한 사람에게 오히려 포상함으로써 그 실패를 보상하려고 했습니다. 왜냐하면 그는 회사를 위해 뭔가를 시도한 사람이기 때문입니다.

미국의 대표적 기업 GE는 무려 160여 개의 다양한 사업을 펼치고 있는 거대한 기업입니다. 잭 웰치가 이 회사의 최고경영자로 임명된 1981년 당시의 GE는 다른 기업들과 마찬가지로 매우 관료적이고 보수적인 기업이었습니다. 그러나 이러한 기업풍토로는 다가오는 시대의 치열한 기술경쟁과 아울러 원가경쟁에서 살아남을 수 없다고 판단한 잭 웰치는 본격적으로 경영혁신 작업에 착수하기 시작합니다.

그러한 과정에서 잭 웰치는 1956년에 설립된 GE의 전설적인 경영개발센터 크로톤빌을 이용하여 그곳을 인재개발 교육센터로 만들기 시작합니다.

웰치회장은 GE에서 변화를 일으키려면 자신이 투사적인 사람으로 앞장서서 나설 필요가 있다고 생각하고 크로톤빌이야말로 회사를 변화시킬 좋은 곳이라고 생각했습니다. 그리곤 그는 GE를 세계에서 가장 위대한 인재 개발회사로 만들 것이라고 호언장담하였으며 그 터전을 다지는데 온힘을 기울이기 시작합니다. 그가 얼마나 여기에 많은 정열을 쏟았던지 아무리 바쁜 일이 있어도 크로톤빌 연수생들이 프레젠테이션을 할 때는 꼭 참석하여 그들과 열띤 토론을 벌이곤 하였습니다.

미국 기업 경영자들의 대부분은 잭 웰치뿐만 아니라 거의 모두가 우수한 인력을 끌어들이는 것만이 회사를 발전시킬 수 있다고 신념처럼 믿고 있었으며 이들을 채용하면 이들이 회사를 그만두지 않게 하기 위하여 모든 힘을 기울이고 있었습니다. 그러한 상태에서 잭 웰치의 이런 시도는 사실 새로운 것은 아닙니다. 하지만 그 중요성의 인식에서만큼은 남들보다 열정이 대단하였습니다. 그의 이러한 생각은 궁극적으로 전략에 승부를 거는 것이 아니고 사람에게 승부를 거는 것이었습니다.

웰치가 그동안 간부사원들의 휴양지로 전락한 크로톤빌 연수원 재

건에 나섰을 때 미국 재계 인사들은 특별할 것도 없다고 비웃었습니다. 구조조정을 한답시고 직원을 해고하고 공장을 팔아넘기면서 연수시설에 막대한 예산을 투자한다는 게 과연 옳으냐 하는 말도 서슴없이 하였습니다. 하지만 웰치는 그러한 여론에도 불구하고 단호하게 크로톤빌 신축공사를 단행하면서 무려 4,600만 달러에 달하는 예산안에 사인을 했습니다.

크로톤빌(Crotonville)은 뉴욕 주 오시닝 시에 위치해 있는 6만 5천 평의 규모로 허드슨 강 계곡에 위치하고 있습니다. 이곳은 1950년대 초 당시 GE의 랄프 코디너 회장이 사원 교육을 외부의 경영대학원에 맡기기보다 회사 소유의 경영 교육기관에서 실시하는 편이 더 효과적이라는 판단 아래 건립한 것으로서 3년간의 조사 및 기획 단계를 거쳐 '기업 리더십 개발센터'라는 명칭으로 건립하게 됩니다. 당시 피터 드러커 등 저명인사들이 강사로 활동하였으며 한때는 미국 주식회사의 하버드라는 평가를 내리게 됩니다.

그러나 잭 웰치의 등장이 있기 전 즉 80년대 초까지 크로톤빌은 쇠락하여 경영학과 관련된 일반적인 과목들을 학습시키는 평범한 교육기관에 불과하였습니다. 그러던 것을 잭 웰치가 인재개발 교육센터로 개혁 작업에 적극적으로 이용하게 된 것이지요.

여기서는 초보단계의 프로그램도 운영되지만 전체적으로 보면 주요 고객과 사업파트너, 그리고 현재와 미래의 GE리더 등 매년 수천 명에 달하는 사람들이 함께 모여 사업 기회를 찾아냅니다. 그리고 거대한 사업의 문제점에 대해 집중 토론을 벌입니다.

이곳의 교육 특징은 행동학습에 있습니다. 현장에서 실제 겪는 문제를 중심으로 프로젝트를 선정하고 선정된 프로젝트당 2개 팀을 구성하여 서로 경쟁토록 하는 것이지요.

이 교육은 4주간의 연구 활동을 통해 해결책을 찾아내면서 교육이 마무리됩니다. 현실적이고 실질적인 주제를 선택하고 참석자 모두에게 문제해결의 역할을 갖게 하고 모든 문제들은 의사결정이 요구된다는 점에서 행동을 통한 학습이라 불립니다.

연수 마지막 날 발표시간에는 웰치 회장과 고위 간부 30여명이 팀 활동 결과를 듣게 되는데 GE 경영층은 프레젠테이션에서

좋은 의견을 보인 사람을 발탁 인사의 후보에 올립니다. 연수 결과에 따라 미래가 결정되기 때문에, 교육생들은 연수과정에서 우수한 성적을 내기 위해 모든 힘을 기울입니다. 워크아웃, 식스시그마 등 크로톤빌에서 내놓은 프로그램들이 GE에서 성공함으로써 높은 평가를 받고 있습니다. 크로톤빌의 교육과정에서 최대장점은 잭 웰치가 직접 참가하여 프레젠테이션을 듣고, 회사가 맞닥뜨린 최악의 어려운 문제를 놓고, 참가자들이 그 해결을 제시함으로써 직원 능력향상, 회사 문제 해결이라는 일거양득의 효과를 얻을 수 있다는 점입니다. 변화를 즐기는 리더, 변화를 즐기는 사원이 많을수록 기업이 발전할 수 있다는 크로톤빌의 주장은 그래서 매우 타당하다고 볼 수 있습니다.

 잭 웰치는 단순한 변화가 아닌 변혁을 원하고 그것이 크로톤빌에서 시작되기를 바란다고 참석한 직원들에게 늘 강조합니다.

"여러분은 뭔가를 계속 시도해야만 합니다. 나는 보통 한 달에 4시간에서 6시간가량을 크로톤빌에서 리더십 강의를 합니다. 내가 늘 직원들에게 강조하는 것은 기업의 회장이 피보디 사의 주식을 사서 엄청난 손실을 입게 할 수도 있듯이 여러분들도 뭔가를 할 수 있다는 점입니다."

회장이 피보디 사의 주식을 사서 엄청난 손실을 입게 하였다는 것은 1986년에 GE가 피보디 사의 주식 80%를 6억 달러에 사서 주가가 폭락하여 12억 달러의 손실을 입게 된 것을 말합니다.

"그 사건은 월스트리트저널 표지에 19번이나 장식될 정도로 큰 실패를 한 대표적 사건이었지만 그런 실수를 하고도 아직까지 회장인 내가 이 자리에 있듯이 직원들도 가능한 모든 시도를 할 수 있어야 합니다. 설령 실패를 한다 하더라도 하지 않고 가만히 있는 것보다 더 비참하진 않다는 것을 여러분은 명심하십시오. 실패했다고 그 책임을 물으면 누구든 그 무언가를 하겠다고 나서는 사람이 없을 것입니다."

이렇듯 그는 기업의 문화가 실패를 긍정적으로 받아들여지는 문화로 이어져야 한다고 믿고서 당당하게 외쳤습니다.

"나는 실패한 사람에게 오히려 상을 줌으로써 그 실패를 보상하려고 했습니다. 왜냐하면 그는 회사를 위해 뭔가를 시도했다가 실패한 사람이기 때문입니다."

　조직에서의 실패는 사실 두려운 것입니다. 그러나 이를 인정하고 독려하는 경영자의 모습에서 직원들은 과연 어떤 생각을 하게 될까요? 그들에게서 생겨나는 힘, 가슴 밑바닥을 치고 올라오는 강렬한 힘을 느끼지 않을 수 없겠지요? 그런 그들의 힘 있는 표정을 보면서 잭 웰치가 큰소리로 이렇게 말합니다.

　"여러분은 사업이 도전과 실수의 연속임을 잊지 말아야 하고 또한 그런 반복을 이해해야 합니다. 사업은 거창한 과학이 아닙니다. 그러기에 실수도 있을 수 있는 것이지요. 사업은 공을 앞으로 굴리는 것과 같으며 누구도 이에 대한 위대한 공식을 내놓지 못합니다. 만일 그 어떤 공식을 우리가 알게 되었다면 그것은 모든 사람들이 그 일에 동참하도록 하여야 한다는 것입니다. 그래서 모두가 매일 함께 일하고 각자 맡은 역할을 다해 보다 많은 사람들이 그 일의 승자가 될 수 있도록 해야 합니다. 실수를 통해 얻은 지식만큼, 경험만큼 값진 것은 없습니다. 경영이란 그런 과정일 뿐 완전한 것은 아닙니다."

　크로톤빌 리더십 개발센터는 일반적인 직원들의 연수가 아니라 변화와 개혁을 이끌 리더를 양성하는 기관입니다. 아무나 연수받는 것이 아니라 특유의 인사조직 평가를 통해 가능성이 있다고 확인된 인물만이 여기에 참가할 대상자가 될 수 있기 때문에 선발자체만으로 우선 회사에서 인정받았다는 것을 나타냅니다.

　그런 직원들을 선발해 GE직원들의 통찰력과 리더십을 키우는 것은 물론이고 GE의 국제적 경쟁력을 향상시키는데 있습니다. GE를 지구상에서 가장 경쟁력 있는 기업으로 만들자고 하는 목표를 바탕으로 한 이곳에서의 교육은 누가 뭐래도 혁신의 속도를 높이는데 커다란 공헌을 한 것은 분명합니다.

　기업 문화 변화에 가장 핵심적인 영향을 가져왔던 일련의 워크아웃과 식스시그마 운동 등이 모두 이 곳 크로톤빌에서 학습 운동으로 자리 매김 되어 보급되었습니다.

　크로톤빌의 이러한 성과는 그 후 그리고 지금도 기업의 학습조직의 모델로서 자리 잡고 있으며 많은 기업들이 이런 모델을 표방하고 나서는 것 또한 사실입니다.

미국 경영자 시장에서는 GE 출신이라는 것 자체만으로 충분한 능력을 갖추었다고 인정받고 있으며 수많은 스타 CEO들이 과거 GE에서 근무한 경력을 갖고 있습니다. 이처럼 미국 내 유력한 경영자 양성기관으로 평가받고 있는 크로톤빌 연수원은 단순한 교육기관이 아니라 GE가 필요로 하는 인재를 양성하고 변화를 이끄는 조직으로 유명합니다. 크로톤빌에서는 매년 약 1만 명의 GE 직원들이 리더십 교육을 받고 있는데 약 10억 달러의 적지 않은 예산이 투입되고 있다고 합니다. 그는 늘 열정을 가지고 회사 일에 적극적인 사람들을 위해 그들이 어떻게 하면 지금보다 더 활발하게 좋은 회사의 직원이라는 것에 자부심을 갖도록 할 것인가에 골몰했습니다. 그것을 실현하기 위해서 업무에 관해서라면 말단직원들과도 오랜 시간동안 함께 대화하길 주저하지 않습니다.

그는 말합니다.

"아무리 회사가 개인의 능력을 키우려 해도 결국 그 능력을 키우는 것은 자신입니다. 자신의 능력을 위해 지금 내가 할 일이 무엇인가를 생각하십시오."

생각하는 아이들

John Frances Welch Jr

John Frances Welch Jr

#1

아들아,

　세상을 살아가노라면 나이에 맞게 판단을 해서 결정을 내려야 할 때가 많다는 것을 기억해라. 그 순간의 결정은 너의 인생을 바꿀 수 있는 중요한 순간임을 깨닫고 신중하되 자신있게 행동하라. 어차피 내려진 결정은 그 결정을 따라 행동하는데 목적이 있다.

아들아,

　너는 어떤 사람으로 이 세상에 자취를 남기려 하느냐?

　이런 물음에 간단히 대답하기란 사실 어렵다는 것을 아버진 잘 안다. 하지만 대답하라. 그 대답의 용기로부터 너는 네 인생의 주도권을 쥘 수 있으며 세상을 자신있게 살아갈 수 있는 것이란다.

　인생의 끝자락에서 누구나 후회는 남게 마련이다. 아무리 좋은 결정도 완벽할 수는 없다. 그러기에 용기 있는 결단을 더더욱 요구하는 것

John Frances Welch Jr

이다.

　남자라는 이름앞에 당당히 서길 바라면서 아버진 발타자르 그라시안의 다음과 같은 말을 네게 준다.

　겁쟁이는 길가에 서서 망설이나 용기 있는 사람은 길 한가운데서 용기 있는 결단을 내린다. 진정으로 용기 있는 사람은 무엇을 할 것인가 망설이는 것이 아니라 비록 어떤 계획이 완전하지 않더라도 주저 없이 결정하고 행동한다.

　역사를 되짚어 보더라도 어떤 결정 앞에서 두려움에 떨었던 사람들은 그 시대 속에서 이름 없이 사라지고 말았다. 인생은 결정을 내려야 할 일들이 너무나 많다. 그러나 진정한 결정을 내리는데 있어 필요한 것은 그 결정을 실행에 옮길 수 있는 용기와 근면함이 따라야 한다.

　물론 현명한 사람이라면 결정을 내리기에 앞서 치밀한 조사를 거친다. 시저와 같은 위인도 뛰어난 결단력으로 방향을 잡고 추진해 나갔

생각하는 아이들 123

다.

　지금 행동하라. 그리고 그 후에 걱정하라. 행동하지 않는 것은 그대의 의지와 정신을 좀먹는 암적인 저주임을 잊지마라.

- 발타자르 그라시안

John Frances Welch Jr

#2

아들아,

판단이 미비한 사람은 남들이 가는 길을 따라가야 안심이 된다. 새로운 길을 개척하거나 한 번도 가보지 않은 길을 가는 것을 무서워한다.

이러한 사람들이 과연 자기의 목적지를 찾을 수 있다고 생각하느냐?

삶을 대강 살아가려는 사람은 보편적인 사람들의 삶을 따라가면서 살아가면 된다. 굳이 힘들고 어려운 일을 찾아 나설 필요가 없다. 하지만 목적지가 뚜렷한 사람은 분명한 길을 찾아가야 한다.

가는 길이 험하고 힘들다고 돌아서버리면 그 길 또한 힘들고 어려운 길임을 잊지 말아라. 세상엔 그렇게 쉬운 길이 없다.

물론 자신의 목적지를 찾지 못해 허둥대는 사람은 많은 사람들의 길을 그저 평범하게 따라가는 방법도 하나의 방법일 수는 있다. 하지만 아들아, 너에겐 꿈이 있고 이상이 있는 한 네가 정한 목적지를 향해 힘껏 걸어가라. 뜻이 있는 길에 길이 있다고 했다.

캐럴라인의 다음의 말에서 주목할 말이 있다.

"잊지 마라. 나의 길을 가장 잘 아는 사람은 결국 나 자신이라는 사실을."

어떤 길을 가야 할지 알 수 없을 때는 보통 많은 사람들이 가고 있는 길을 따라간다. 그 길이 가장 안전한 길이라고 생각하고 무작정 따라가지만 그러나 그 길이 끝나는 곳에 나타나는 마을은 자기가 가고자 했던 마을이 아니다.

길을 떠나기 전에는 그대가 가야할 목적지가 표시되어 있는 지도를 준비하라. 그리고 그 지도가 가리키는 방향에 따라 그대가 가야 할 길을 가는 것이다. 비록 그대가 가고 있는 길이 홀로 가는 쓸쓸한 길이라도 말이다.

길을 가는 그대 앞에 더 높은 힘의 인도가 있다는 것을 항시 잊지 말라. 그것은 좌석이 두 개인 자전거를 타고 가는 것이나 마찬가지이다. 앞좌석에는 그대를 인도할 더 높은 힘의 존재가 앉아 있고 뒷좌석에 바

John Frances Welch Jr

로 그대가 앉아 있다. 핸들을 잡은 사람은 앞좌석에 앉은 더 높은 힘이다. 그대가 할 일은 뒷좌석에 앉아 힘껏 패달을 밟아 주는 것이다.

  잊지 마라. 나의 길을 가장 잘 아는 사람은 결국 나 자신이라는 사실을.

— 캐럴라인

#3

아들아,

　사람은 무릇 남들이 보지 않는 데서 행동이 올발라야 한다. 그것이 곧 양심을 지키는 일이다. 남들이 보지 않는다고 해서 행동을 함부로 한다는 것은 자신을 기만하는 일이고 정상적인 삶에서 이탈하고 있다는 증거이기도 하다.

　그리고 행동에 실수가 있어선 안 된다. 살다보면 전혀 실수 없이 살 수는 없지만 최대한 실수를 줄이고 신중을 기해야 한다. 실수를 한다는 것은 그만큼 자기를 잃어버리는 것이다.

　세상엔 마음먹은 대로 되는 일보다 되지 않는 일이 더 많은 법이다. 그렇다고 실망해선 안 된다. 노력을 경주하다 보면 언젠가 자신의 뜻이 이루어진다는 것을 믿고 끝없이 노력해라.

John Frances Welch Jr

#4

아들아,

성공한 사람과 그렇지 않은 사람은 아주 작은 사고에서 차이가 난다. 아래의 서양고사의 콜럼버스의 이야기에서 보듯 그 일을 시행한 사람과 시행해 보지 않은 사람과의 차이에서 신대륙을 발견할 수 있었다. 여기에 더 부언하자면 그 사람의 도전적 정신과 그 일에 쏟는 단단한 열정이다.

무슨 일이든 남이 안하고 있을 때에 시행하라. 시행하지 않고 어떤 일을 이룰 수 있기를 바라는 것은 감나무 밑에서 감이 떨어지기를 바라는 것과 다르지 않다. 따지고 보면 사람의 능력은 별반 차이가 나지 않는다. 누가 진취적이고 먼저 목표를 정한 뒤 그 길을 열심히 가느냐에 따라 나중에는 커다란 차이가 난다.

이를 시기하는 사람들의 무리를 보면 거의가 베짱이와 같은 게으른 사고와 행동을 갖고 있는 사람들이다.

John Frances Welch Jr.

    1492년 10월, 콜럼버스는 북미대륙을 발견하고서 이듬해 3월 자랑스럽게 돌아왔다. 스페인 국민들은 너나할 것 없이 거리로 뛰쳐나와 콜럼버스를 개선장군처럼 환영했다. 하지만 그런 콜럼버스를 시기하여 못마땅히 여기던 친구들이 대들며 말했다.

    "신세계의 발견이란 그렇게 야단법석을 떨 만큼 대단한 것이 못 된다. 그저 배를 서쪽으로 몰고 가다가 우연히 마주친 것에 불과한 것이다."

    그러자 콜럼버스가 이렇게 말했다.

    "그렇소. 나도 이번 대륙의 발견을 자랑스럽게 여기지 않습니다. 다만 그 생각을 처음으로 했다는 것만을 자랑스럽게 생각하고 있을 뿐이오."

    그리고는 식탁 위에 있는 달걀 하나를 집어 세워보라고 했다. 그 자리에 있던 사람들이 애써 세워보려 했으나 어느 누구도 세우질 못했다. 그러자 콜럼버스는 웃음을 지으며 달걀 끝을 식탁 모서리에 가볍게 쳐서 부수고는 손쉽게 세웠다. 모두들 '그까짓 것 아무것도 아니다'라고

John Frances Welch Jr

외쳤다.

콜럼버스가 말했다.

"맞습니다. 아무것도 아니지요. 그러나 여러분 중의 어떤 사람도 이 방법을 생각해내지 못했지만 나는 생각해 냈어요. 신세계의 발견도 이와 마찬가지랍니다. 아무것도 아니지만 처음에 생각해낸다는 것, 바로 이것이 중요한 거예요."

— 서양고사

John Frances Welch Jr

#5

　좁은 길에서는 먼저 가려고 다른 사람과 다투지 말고 한 걸음 양보하여 다른 사람을 먼저 가게 하라. 그리고 맛있는 음식이 있으면 혼자 먹을 것이 아니라 다른 사람에게도 나누어 주어 함께 음식을 즐기도록 하라. 다른 사람에게 길을 양보하는 것이 어리석다고 생각될지 모르나 다른 사람에게 길을 양보한다는 것은 다른 사람도 내게 길을 양보하게 되는 것이니 결코 손해가 아니며 다른 사람을 위하는 길이 즉 자기 자신을 위하는 길이 되는 것이다. 뿐만 아니라 남을 위하는 즐거움이 있어 행복하고 남에게 미움 받지 않으니 적이 생기지 않으며 이것이 세상을 즐겁게 살아갈 수 있는 현명한 길인 것이다.

― 채근담

John Frances Welch Jr

#6

아들아,

  은혜를 입었거든 그 은혜를 꼭 갚아라. 나를 위해 충성을 다한 사람에게는 의로움으로 끝까지 그를 감싸라. 방패가 되어 주어야 하고 버팀목이 되어 주어야 한다. 하찮은 동물일지라도 마찬가지다.

  남자란 모름지기 그래야 한다. 필요할 때만 이용하고 필요하지 않을 때면 가차 없이 버리는 사람은 결국 신뢰를 잃고서 그 다음부터 자신을 위해 일을 하려는 사람이 없고 모두 떠나가 버리게 된다. 그런 사람을 받들려는 사람은 일회성으로 소모될 것을 각오하는 능력 없는 사람들뿐이다.

John Frances Welch Jr

#7

한참동안 타고 다니던 말이 죽자 아버지는 사람들을 모아 그 말을 묻어주라고 분부했다. 그러나 하인들은 아까운 나머지 서로 말고기를 나누어 가져간다. 이를 안 아버지가 하인을 불러 말의 살과 뼈를 수습하여 잘 묻어주라고 하고선 하인의 볼기를 치며 이렇게 말하였다.

"사람과 짐승이 서로 차이가 있어 견줄 수는 없으나 이 말은 주인인 나를 위해 수고를 아끼지 않았다. 주인에게 충직했던 그런 말을 어떻게 잡아먹을 수 있느냐?"

그렇게 호통을 치고선 그 하인을 집에서 내쫓아버렸다. 그 하인은 문밖에서 몇 달이나 엎드려 용서를 빈 후에야 비로소 다시 주인집에 들어갈 수 있었다.

— 과정록

#8

아들아, 나는 네 생각을 존중하되 남의 생각도 존중할 줄 알아야 하며 네가 올바르게 생각하는 일도 잘못 생각하는 경우가 있을 것이란 의심을 종종 가지면서 네 판단의 노예가 될 위험을 피해라.
너를 반성하는 일은 너의 생각을 수정하는 일이다. 우리가 살아가면서 얼마나 많은 반성을 하면서 살게 되는가를 알게 된다면, 결코 내 생각만이 전부가 아니며 옳은 것이 아니란 것을 손쉽게 깨닫게 된다.

세기의 리더 잭 웰치에게 배우는 경제경영

부자가 꿈이라면
잭 웰치처럼

1판 1쇄 인쇄 | 2018년 12월 20일
1판 1쇄 발행 | 2018년 12월 25일

지은이 | 성기환
펴낸이 | 윤옥임
펴낸곳 | 브라운힐
서울시 마포구 신수동 219번지
대표전화 (02)713-6523, 팩스 (02)3272-9702
등록 제 10-2428호

ⓒ 2018 by Brown Hill Publishing Co. 2017, Printed in Korea

ISBN 979-11-5825-062-1 73320
값 12,000원

*무단 전재 및 복제는 금합니다.
*잘못된 책은 바꾸어 드립니다.

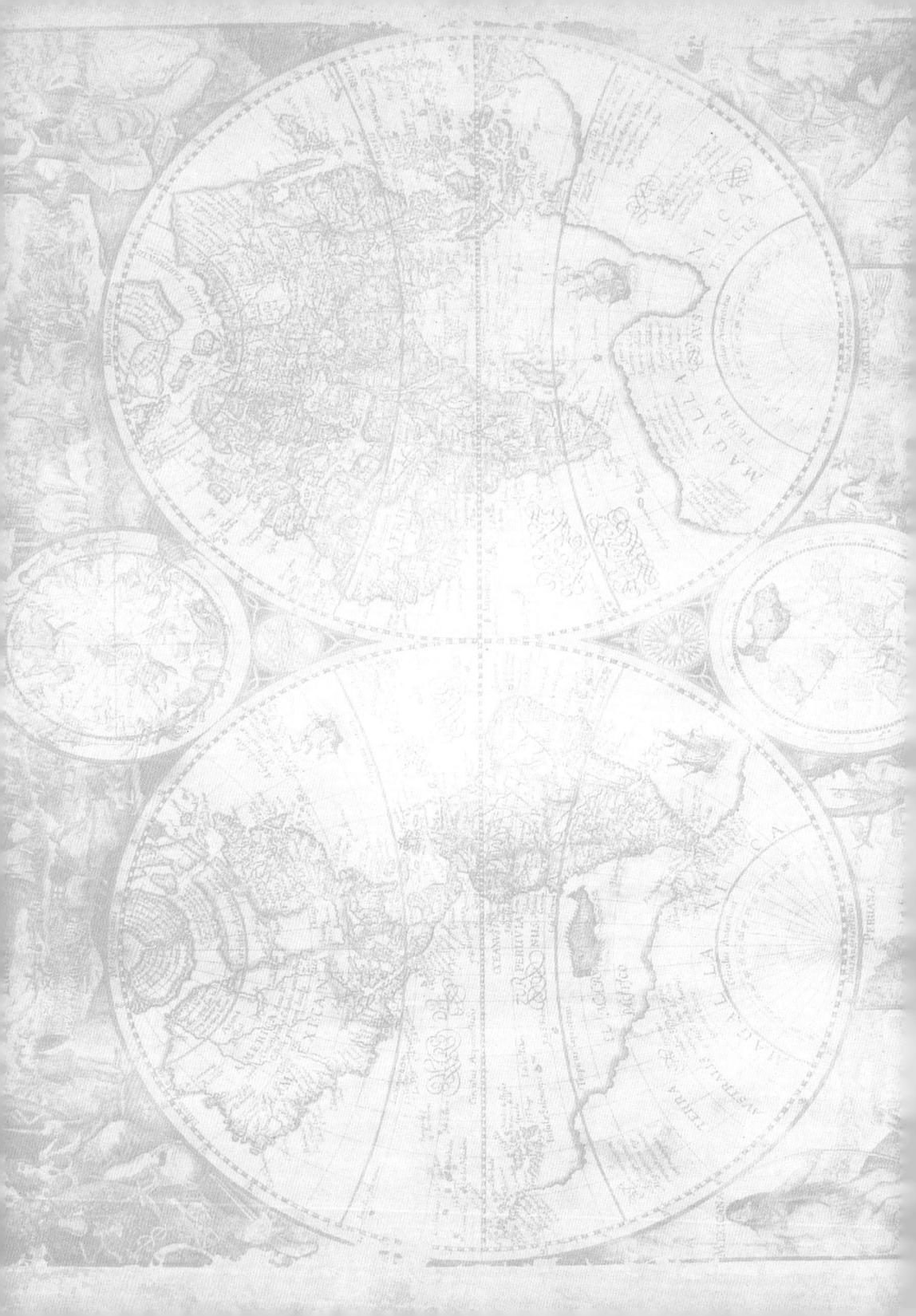